江苏省社会科学基金青年项目(23EYC006)资助
江苏省社会科学基金后期资助项目(21HQ013)资助
中国博士后科学基金项目(2020M671417)资助
江苏省博士后科研资助计划项目(2020Z033)资助

新发展理念下资源禀赋、生产集聚与农业高质量发展研究

赵丹丹　著

中国矿业大学出版社
·徐州·

内 容 提 要

本书基于我国农业生产集聚水平不断提升的现实基础，较为详细地分析了资源禀赋、生产集聚对农业高质量发展的影响。本书利用新经济地理理论、资源优势理论、马歇尔产业区理论等构建了资源禀赋、生产集聚与农业高质量发展分析框架，通过多重研究方法构建计量模型，从农业创新发展、农业共享发展、农业协调发展、农业绿色发展和农业开放发展等层面展开论述，并分别阐述了资源禀赋、生产集聚对农业高质量发展的影响路径，提出了相关发展建议。

本书可供从事农业管理、农业工程、农业基础科学、农业经济等相关专业的科研与工程技术人员参考。

图书在版编目(CIP)数据

新发展理念下资源禀赋、生产集聚与农业高质量发展研究 / 赵丹丹著. —徐州：中国矿业大学出版社，2023.3

ISBN 978-7-5646-5759-8

Ⅰ. ①新… Ⅱ. ①赵… Ⅲ. ①农业生产—聚集经济—影响—农业发展—研究—中国 Ⅳ. ①F323

中国国家版本馆 CIP 数据核字(2023)第 044740 号

书　　名　新发展理念下资源禀赋、生产集聚与农业高质量发展研究
著　　者　赵丹丹
责任编辑　赵朋举
出版发行　中国矿业大学出版社有限责任公司
(江苏省徐州市解放南路　邮编 221008)
营销热线　(0516)83885370　83884103
出版服务　(0516)83995789　83884920
网　　址　http://www.cumtp.com　**E-mail**:cumtpvip@cumtp.com
印　　刷　江苏凤凰数码印务有限公司
开　　本　787 mm×1092 mm　1/16　**印张** 9.5　**字数** 186 千字
版次印次　2023 年 3 月第 1 版　2023 年 3 月第 1 次印刷
定　　价　42.00 元

前　言

党的二十大报告明确提出了“加快建设农业强国”这一重要目标，指明了新发展阶段推进农业、农村现代化的核心任务，锚定了农业高质量发展在全面建设社会主义现代化强国中的战略定位。农业高质量发展作为一项动态的系统性工程，显然不能长期困囿于“大田”“漫灌”此类高投入、低产出的粗放模式，在农业发展的不同阶段，应具备与之相协调的动能支撑和实践途径。目前对于我国而言，实现农业高质量发展的关键在于农业供给侧结构性改革，贯彻创新、协调、绿色、开放、共享新发展理念，着力提高质量效益，平衡发展结构，改善生态环境，实现可持续发展，进而为现代农业发展建立高质量、高效益的供给体系。在此，本书将深入探讨新发展理念下资源禀赋和生产集聚对农业高质量发展的影响路径，为实施农业现代化和乡村振兴战略提供思路。

本书共分9章：第1章是绪论，主要介绍研究背景与问题提出、研究意义、研究目标与研究内容、技术路线与数据来源；第2章是概念界定、理论基础和文献综述，主要介绍集聚的相关概念和理论及有关农业生产集聚和高质量发展的文献综述；第3章是资源禀赋、生产集聚演变趋势与特征事实，主要介绍我国资源禀赋和生产集聚的现状及其发展演变趋势；第4章是资源禀赋、生产集聚与农业创新发展研究，主要介绍资源禀赋、生产集聚对农业创新发展的影响；第5章是资源禀赋、生产集聚与农业协调发展研究，主要介绍资源禀赋、生产集聚对农业协调发展的影响；第6章是资源禀赋、生产集聚与农业绿色发展研究，主要介绍资源禀赋、生产集聚对农业绿色发展的影响；第7章是资源禀赋、生产集聚与农业开放发展研究，主要介绍资源禀赋、生产集聚对农业开放发展的影响；第8章是资源禀赋、生产集聚与农业共享发展研究，主要介绍资源禀赋、生产集聚对农业共享发展的影响；第9章是研究结论与政策建议，主要介绍本书的研究结论，并提出针对性政策建议。

本书在撰写过程中，得到了南京大学商学院、南京农业大学经济管理学院、南京财经大学税收学院、扬州大学商学院、东北农业大学经济管理学院和金陵科技学院商学院等院校的诸多专家、学者的支持和帮助，在此一并感谢！

我国农业的发展和研究在不断深化，农业高质量发展的成熟度也在不断提高和突破。本书从新发展理念入手，探索新发展格局下农业高质量发展路径选择，让更多的人认识到农业高质量发展是新发展阶段下实现农业现代化发展和农业强国的必然要求。

由于作者水平有限，书中若有错误和不当之处，敬请读者批评指正。

著　者

2023年3月于南京

目　录

1 绪　论

1.1 研究背景与问题提出

“农，天下之大本也，民所恃以生也”“务农重本，国之大纲”，农业生产自古以来就是关系国计民生的根本大事。“三农”（农业、农村、农民）始终是贯穿我国革命、建设、改革各个历史时期的命脉所在，是关系党和国家事业兴衰成败的根本所在。党的十八大以来，我国实施乡村振兴战略，推动农业发展取得了历史性成就。但“大国小农”“大而不强”仍是当前我国的基本农情。党的二十大报告明确提出“加快建设农业强国”这一重要目标，指明了新发展阶段推进农业农村现代化的核心任务，锚定了农业高质量发展在全面建设社会主义现代化强国中的战略定位。从社会经济发展来看，我国经济已从高速发展阶段转向高质量发展阶段。而农业作为国民经济的基础，必须推动其从不满足当下发展需求的传统农业转化为高质量发展的现代农业，以实现我国经济社会高质量发展。然而，农业高质量发展作为一项动态的系统性工程，显然不能长期困囿于“大田”“漫灌”之类高投入、低产出的粗放模式，在农业发展的不同阶段，应具备与之相协调的动能支撑和实践途径。目前对于我国而言，实现农业高质量发展的关键在于农业供给侧结构性改革，贯彻创新、协调、绿色、开放、共享新发展理念；着力提高质量效益，平衡发展结构，改善生态环境，达成合作共赢，实现可持续发展，进而为现代农业发展提供高质量、高效益的供给体系。

农业对自然地理条件具有高度依赖性。不同地区的气候环境和土壤条件存在差异，而不同的农作物又有不同的生长习性，这就直接导致传统的农作物只能在特定的自然地理区域产生集聚，久而久之形成了地方特色，如西北盛产青稞，东北盛产玉米，江南盛产大米等。但由于我国的自然气候正在逐渐变化，且各个区域对农作物的市场需求也在发生着变化，缓慢的迁移现象正在从我国具体农作物的生产集聚格局中凸显出来，例如蔬菜、茶叶逐渐向西部迁移，棉花种植向西北部持续性迁移，烟叶种植持续向西南部迁移等。由此看来，自然地理条件决定了农作物的分布与集聚模式，而农作物的集聚又形成了农业的生产集聚现象。

农业生产集聚是指农业活动在达到一定规模后向特定区域集中的现象，是传统农业由分散经营转向现代化农业集中运营的一种表现，现已成为我国农业发展的主要特征之一。农业生产集聚的优势在于能够吸引专业的社会化服务组织和专业人才的集聚，形成专业化分工，降低生产成本，促进生产技术水平提高，并能够创新农业发展模式，整合、共享资源信息，有利于形成市场累积效应。除此之外，农业生产集聚所形成的农业规模效应和产业综合效应，能够有效促进农业高质量发展，推动现代化农业形成。但其在生产专业化、技术集聚应用合理化和运营一体化水平等方面还有待提升。因此，如何转变农业发展方式成了研究的热点，这对于如何走农业高质量发展道路的研究有着重要意义。

1978—2008年，中国的农业重心主要位于东南部，然而，近年来中国的农业重心逐渐从东南部向西南部移动。这主要是由于麻类作物和谷类作物等农作物的生产重心向西南部转移，从而使得中国的农业重心整体向西南部转移。通过对农业重心迁移率的分析还发现，农业重心西移缓慢，南移较快，并且纵观国内外农业生产集聚的现状可以得出，我国已经形成了大量的农业集聚区，这标志着我国农业正逐步向农业生产集约化方向转型，不断向农业现代化迈进。与此同时，进一步加强社会化服务分工，综合利用集聚作用下形成的农业生产要素和资源优势，可使农业生产效率显著提高，促进农业高质量发展。

一方面，农业技术水平持续提高，现代农业活动中的劳动分工、区域分工、产业内分工和价值链分工等4种层次的分工协作，互相补充地集中在农业生产集聚区，而且农业生产集聚区逐渐向更深入的阶段发展。微观农户与不同经营主体、区域之间的分工以及协作关系进一步稳固，使区域农业生产规模经济和范围经济有所显现，促进了农业共享和农业创新水平的提高，从而促进农业高质量发展。

另一方面，农业生产集聚的出现，促进了农业生产效率的提高，并且打破了农业全要素生产效率的增长极限。同时，农业生产集聚的迅速发展促进了农产品向更高阶段发展。首先，拓展了农业市场的深度。农业生产集聚能够有效降低农产品的运输和交易成本，减少运输交易过程中产生的污染，坚持绿色可持续发展，用更低成本打造区域农产品的地理特色品牌，并在此基础上借力发展服务业和旅游业。在加快建设资源节约型、环境友好型社会的基础上，不断开拓新业态、创造新模式。其次，拓宽了农业市场的广度。农业生产集聚扩大了农业市场的覆盖范围和有效范围，更好地满足了不同农产品共同开发区域市场的需求，形成了地方特色和集聚效应。最后，农业生产集聚可以强化农业劳动分工，提高农业生产效率，提升单一农产品的生产标准，推动农业供给侧结构性改革。

剖析农业生产集聚现象对研究农业高质量发展具有关键作用，所以应从整体上统筹考虑对农业生产集聚发展起作用的各种因素，把农业生产集聚作为重要的农业生产空间布局因素，切实研究农业生产集聚对农业高质量发展的影响。但同时我国农业高质量发展还面临一些问题，如资源禀赋优势未能完全发挥，农业生产布局不够完善，生产集聚区需要优化，区域空间的相关性有待增强，高素质劳动力数量不足，产业化水平不高以及综合服务体系不够健全等，导致农业现代化发展受阻。因此本书将通过分别研究资源禀赋、生产集聚与农业创新发展、协调发展、绿色发展、开放发展、共享发展的关系，来研究探讨如何促进我国农业高质量发展。

探索研究农业生产集聚水平的提高是否有利于农业高质量发展以及对其影响程度大小，生产集聚的迅速发展对不同区域农业发展的促进作用是否存在差异，生产集聚程度的提高对农业高质量发展是否会产生负面效应等问题，对于优化农业空间布局，调整农业集聚政策和进行农业供给侧结构性改革，促进农业高质量发展具有重要意义。但是，只研究农业生产集聚水平和农业高质量发展的相关性不能直接说明生产集聚水平的变动对农业创新发展、协调发展、绿色发展、开放发展、共享发展的具体影响，因此需要进一步分析探讨。贯彻新发展理念是关系我国发展全局的一场深刻变革，不能简单以国内生产总值增长率论英雄，必须实现创新成为第一动力、协调成为内生特点、绿色成为普遍形态、开放成为必由之路、共享成为根本目的的高质量发展，推动经济发展质量变革、效率变革、动力变革。基于以上分析，本书研究的具体问题如下所述。

问题一：新发展理念下资源禀赋、生产集聚是否对农业高质量发展中创新发展、协调发展、绿色发展、开放发展和共享发展产生影响？

问题二：新发展理念下资源禀赋、生产集聚通过哪些途径对农业创新发展、协调发展、绿色发展、开放发展和共享发展产生影响，影响程度如何？

1.2 研究意义

结合中国实际的农业发展情况，从研究背景来看，我国已经在自然地理条件的基础上形成了农业生产集聚格局，例如在元谋、元江、华宁、通海等地形成了冬春季早蔬菜区；在昆明、玉溪、大理等地形成了夏秋季冷凉菜区；在成都、德阳、绵阳形成了油菜籽产区；在攀枝花、凉山彝族自治州形成了攀西烤烟区等。如今，这些生产集聚区也在社会历史发展过程中逐步完善，进行跨区域的空间重组和协同演化。由此可见，生产集聚对深化农业供给侧结构性改革，转变农业生产方式，促进我国农业走向高质量发展之路有着重要影响，是我国实现由农业大国发展为农业强国的重要因素。

从一般理论价值来看，本书以农业生产集聚作为研究对象，以新经济地理模型作为理论支柱，融合了新经济地理学和新兴古典区域理论，并使用马歇尔产业区理论和杜能农业区位理论阐释生产聚集的原因，为分析生产集聚对农业高质量发展的影响提供理论分析框架。同时，以具体的产业经济学和区域经济学理论为研究基础对研究结果做进一步分析，将生产集聚产生的影响从描述性统计分析上升到理论层面研究。本书在新发展理念下通过农业生产集聚研究农业全局定位。新发展理念是针对当前我国农业发展面临的突出问题和严峻挑战提出的战略指引。融入新发展理念将使我们对生产集聚的整体认识更加全面。全球生产集聚的发展是显而易见的，但中国的生产集聚刚刚萌芽且影响较小，仍处于起步且缓慢发展阶段。因此，本书系统地分析了生产集聚现状及其演变趋势，为促进我国农业现代化和完善农业布局提出可供参考和利用的政策条件，并且运用了省级宏观层面数据来统计生产集聚水平，剖析生产集聚的发展动态和空间变动趋势，更深一步阐述其对农业高质量发展的影响。一方面，本书参考同类型研究，充实已有理论研究；另一方面，通过量化分析实质性证据并验证理论假说，更大程度上弥补实证研究。这对于明确新发展理念下资源禀赋、生产集聚与农业高质量发展的关系具有一定的理论价值。

从客观现实意义上来说，随着生产集聚水平的提高，农业资源禀赋优势愈发明显，生产集聚为推动农业走上高质量发展道路做出了巨大贡献。作为推动生产集聚的重要因素，农业资源禀赋中各要素的流动性持续加强。与此同时，在提出创新发展、协调发展、绿色发展、开放发展、共享发展理念后，国家政策的导向愈发明显，对研究背景中提出的具体问题的分析探讨也愈加紧要。本书基于农业生产集聚水平不断提高的现实情况，从省级层面探讨了农业生产集聚对农业高质量发展的影响，以推动农业供给侧结构性改革，提高农业综合效益和竞争力，加快构建农业新发展格局，从而推动农业走向高质量发展道路。

1.3 研究目标、研究内容和研究方法

1.3.1 研究目标

本书的研究目标是探讨新发展理念下资源禀赋、生产集聚对农业高质量发展的影响。首先，本书对资源禀赋的相关概念以及农业高质量发展的相关背景进行阐述，并对农业生产集聚进行了文献综述。其次，对资源禀赋、生产集聚的现状与发展演变趋势进行分析，其中包括农业机械（也称农机）发展历程、耕地资源在数量和质量上的变动情况、农村劳动力转移的趋势和特征、粮食作物生产集聚历史演变趋势、粮食作物地区平均集聚水平、粮食作物专业化水平以及粮食作物内部各作物的时空关联性等内容。再次，分别就资源禀赋、生产集聚对农业创新发展、协调发展、绿色发展、开放发展、共享发展 5 个层面的影响进行详细的分析，并重点关注了资源禀赋变动条件下生产集聚对农业高质量发展的影响。最后，总结新发展理念背景下资源禀赋、生产集聚对农业高质量发展的影响，提出结论与建议。

为了掌握我国农业资源禀赋和生产集聚发展的最新状况、客观的内在

联系和变化的趋势，进而为我国农业高质量发展和农业现代化发展提供有力保障，具体研究目标有以下几个方面。

（1）剖析农业资源禀赋与生产集聚特征事实并判断发展趋势

本书第3章主要包括资源禀赋与生产集聚演变趋势及现状分析。第一部分主要分析的内容有农业机械发展历程、耕地资源变化情况、农村劳动力转移趋势和特征等资源禀赋的特点和演变趋势。第二部分主要运用空间基尼系数、地区平均集聚率、区位熵指数、莫兰指数等测算方法，对我国粮食作物生产集聚历史演变趋势、地区平均集聚水平、专业化水平及其内部各作物的时空关联性进行描述和统计分析。

（2）阐述资源禀赋、生产集聚对农业创新发展的作用机制

本书第4章在保障农业高质量发展的现实背景下，验证了生产集聚对农业创新发展的影响。农业创新发展主要以农业科技水平和新主体、新业态为代理变量，充分重视科技投入和科技资源利用，实现资源优化配置和使用效率提高，进一步明确农业创新发展目标，从而全面系统地分析生产集聚对农业创新发展的影响。

（3）揭示资源禀赋、生产集聚对农业协调发展的作用机制

我国在农业高质量发展过程中，重视现代农业产业、生产和经营三大体系的构建，产业结构与就业结构、政府宏观调控和市场运作等不断协调。在这样的背景下，本书第5章探讨了生产集聚水平的提升对农业协调发展的影响。本书将全国各省级层面的宏观数据（未包含香港特别行政区、澳门特别行政区、台湾省数据，下同）导入随机前沿生产函数，测算出农业协调发展的量化指标，包括农业部门的比较劳动生产率、农林牧渔服务业产值占总产值的比例、农产品加工产值占农业总产值的比例。同时，从城乡协调发展和产业结构升级角度构建了动态面板数据模型和空间计量模型并进行变量设置，从多个角度分析生产集聚对农业协调发展的影响。

（4）剖析资源禀赋、生产集聚对农业绿色发展的作用机制

本书第6章之所以重视农业绿色发展对农业高质量发展的牵引作用，是因为注意到了农业自然再生产和经济再生产的双重属性。研究在基于各省级层面宏观面板数据的情况下，采用随机前沿生产函数对农业生产中绿色发展程度进行测算与估计，通过使用动态面板数据模型和空间计量模型

分析了资源禀赋、生产集聚对农业绿色发展的影响。

（5）论述资源禀赋、生产集聚对农业开放发展的作用机制

本书第7章重点分析了资源禀赋、生产集聚对农业开放发展的影响。研究根据各省级层面宏观数据，基于国际开放和农业市场化角度，分析农产品进口竞争力，并基于动态面板数据模型和空间计量模型实证分析了资源禀赋、生产集聚在这一过程中对农业开放发展产生的影响。

（6）阐明资源禀赋、生产集聚对农业共享发展的作用机制

本书第8章分析了资源禀赋、生产集聚对农业共享发展的影响。研究选取农业共享发展的代理变量，通过各省级层面动态面板数据，构建面板数据模型和空间计量模型，从多个角度分析资源禀赋、生产集聚对农业共享发展的影响。

1.3.2 研究内容

围绕上述研究目标，本书的具体研究内容如下所述。

（1）描述性统计分析资源禀赋与生产集聚格局演化及其发展趋势

理论层面上，构建资源禀赋与生产集聚格局演化趋势的特征事实，根据经济学的分工理论，得出资源禀赋是市场分工的基本前提，是不可忽视的因素。结合生产集聚的主要特征，进一步分析资源禀赋与生产集聚格局演化及其发展趋势。

数据分析上，农业资源禀赋部分主要分析农业生产中资源禀赋整体状况、地域特点及发展趋势。首先，在农业技术要素方面重点分析了全国层面及各区域的农业技术变动情况，包括农业机械化普及情况、农业机械结构和总技术变动整体情况。其次，在耕地要素方面从宏观角度和微观角度分析了实际播种的农作物土地面积、一年内耕地面积上种植农作物的平均次数、耕地面积、耕地质量和坡耕地等变化情况，主要对各地区间的发展情况和差异进行了对比分析。最后，在劳动力要素方面从整体和区域角度出发，对比分析了农村劳动力转移演变的时空特征和数量特征，农村劳动力非农就业比例以及农村劳动力结构的变化情况。

生产集聚水平部分主要探究生产集聚水平的整体变化动向和区域特点，分析粮食作物的地区平均集聚水平、生产专业化水平及空间分布情况。

第一，运用空间基尼系数分析研究我国粮食作物生产集聚水平的整体变化过程，主要通过估算1996—2015年我国粮食作物的空间基尼系数，分析粮食作物生产集聚水平的主要特征、波动情况及波动产生的原因。第二，采用地区平均集聚率测算我国粮食作物的地区平均集聚水平。第三，采用区位熵指数分析我国各省级单位粮食作物（谷类、薯类和豆类作物）的专业化水平。第四，使用全局莫兰指数分析我国粮食作物内部各作物的时空关联性。

（2）分析资源禀赋、生产集聚对农业创新发展的影响

理论层面上，构筑资源禀赋、生产集聚对农业创新发展影响的理论机制。生产集聚凭借自身的产业集群、集聚效应促进了农业创新发展，但同时生产集聚初期会带来不同程度的拥堵效应，也会对农业创新发展产生不同程度的影响[1]。

实证分析上，利用动态面板数据模型和空间计量模型进一步分析资源禀赋、生产集聚对农业创新发展的影响，并采用逐渐加入生产集聚二次项的方式来验证生产集聚对农业创新发展产生的影响趋势。

（3）分析资源禀赋、生产集聚对农业协调发展的影响

理论层面上，搭建资源禀赋、生产集聚与农业协调发展的理论联系框架，通过对集聚效应和拥堵效应的分析，进一步分析资源禀赋、生产集聚与农业协调发展之间的内在联系。

实证分析上，通过分析我国各省（自治区、直辖市）2001—2020年的数据，利用动态面板模型和空间计量模型实证分析资源禀赋、生产集聚对农业协调发展的影响，并采用逐渐加入生产集聚二次项的方式来验证生产集聚对农业协调发展产生的影响趋势。

（4）分析资源禀赋、生产集聚对农业绿色发展的影响

理论层面上，采用随机前沿生产函数估计方程测算出农业绿色发展效率，以此阐明农业绿色发展的变化情况，从而进一步分析生产集聚对农业绿色发展产生的促进作用，但生产集聚初期会产生不同程度的拥堵效应，进而对农业绿色发展产生差异性影响。

实证分析上，利用动态面板数据，通过空间计量模型实证分析资源禀赋、生产集聚对农业绿色发展的影响，并通过逐渐加入生产集聚二次项的方式检验生产集聚对农业绿色发展的影响。

(5) 分析资源禀赋、生产集聚对农业开放发展的影响

理论层面上，构建资源禀赋、生产集聚与农业开放发展理论分析框架，阐明生产集聚通过集聚效应对农业开放发展中农产品出口依存度和进口依存度影响的理论分析框架。

实证分析上，采用空间杜宾模型分析生产集聚对农业市场化率、农业国际开放发展的影响，并通过逐渐加入生产集聚二次项的方式，验证生产集聚对农业开放发展产生的影响趋势。

(6) 分析资源禀赋、生产集聚对农业共享发展的影响

理论层面上，描述农业共享发展变化趋势，构建资源禀赋、生产集聚与农业共享发展理论分析框架。生产集聚具有集聚效应，在一定程度上对农业共享发展具有促进作用，但由于集聚初期地区基础设施配套不完善，所以生产集聚对各地区农业共享发展产生的影响不同。

实证分析上，使用区位熵指数测算农业共享发展的程度，利用动态面板数据分析生产集聚对脱贫攻坚、农民增收、福利水平的影响，并探究生产集聚对农业共享发展的影响。此外，通过加入生产集聚二次项的方式，验证生产集聚对农业共享发展的影响趋势。

1.3.3 研究方法

本书根据研究需要使用定性研究与定量研究相结合的方法，构建了宏观面板数据模型进行分析。具体研究方法如下所述。

(1) 文献综述与理论分析

本书搜集了大量农业领域研究专题的相关资料，通过阅读、分析、归纳、整理当前研究的最新进展、学术见解与政策建议，将其融会贯通，从而对其做出综合分析和评价阐述。文献综述是开展研究的基础工作，对于确定研究方法、选取研究模型和设置模型中的变量极其重要。因此，本书首先通过理论分析把资源禀赋、生产集聚分解为各个组成部分，再从本质上分析各组成部分的特征、属性，进而通过综合分析把握其发展规律和趋势。

(2) 描述性统计分析

首先，根据我国各省（自治区、直辖市）2001—2020年宏观数据，对我国各地农业资源禀赋（如耕地要素、劳动力要素、技术要素等）和生产集聚发展

程度(如专业化水平、平均集聚水平等)进行描述性统计分析，描述我国农业资源禀赋和生产集聚总体特征事实。其次，对各省级单位数据进行对比分析。最后，总结分析各地区间数据的异质性。

(3) 实证分析

本书第4～8章都运用了实证分析的方法来验证考查各自的理论机制。主要运用面板数据模型、空间杜宾模型和工具变量模型等计量分析方法，分析了新发展理念下资源禀赋、生产集聚对农业创新发展、协调发展、绿色发展、开放发展和共享发展的影响以及生产集聚二次项对农业高质量发展的影响，并通过替换代理变量的方法验证了结果的稳健性。

1.4 技术路线与数据来源

1.4.1 技术路线

本书以国家宏观数据面板中各省级单位的数据为研究对象，将理论分析与实证检验相结合，遵循上述研究目标和研究内容，把农业高质量发展分解成5个部分进行研究，进而找出新发展理念下的农业创新发展、协调发展、绿色发展、开放发展和共享发展的本质属性以及相互之间的关系。

第一，明确研究问题和研究目标，构思研究方案。针对我国农业发展现状从已有文献中的问题入手，明确本研究要解决的问题和研究目的，探讨设计生产集聚与农业高质量发展关系的详细方案。方案涉及研究内容的各个方面，包括切入角度、数据的选择、数据的搜集方法、数据的整理及应用等。

第二，构建分析框架，摒弃主观价值判断并进行理论与实证分析。本书以资源禀赋、生产集聚是否能够促进农业高质量发展为中心问题展开分析。在清晰认识研究问题的基础上，深刻把握研究理论，并且以产业经济学和微观经济学为研究的理论基础，分析新发展理念下资源禀赋、生产集聚的演变趋势和特征事实，进一步研究二者对农业创新发展、协调发展、绿色发展、开放发展和共享发展的影响，分别使用不同的计量分析方法进行理论与实证分析，并进行稳健性验证。

第三，归纳研究结果，提出研究结论和建议。将本书对新发展理念下资源禀赋、生产集聚与农业高质量发展关系的研究成果进行概括，梳理重要的理论，阐述结论之间的逻辑关系，总结得出研究结论，并提出促进农业创新、协调、绿色、开放、共享发展的具体建议。

具体研究技术路线如图 1-1 所示。

1.4.2 数据来源

本书所用到的数据主要来源如下：

(1) 各省(自治区、直辖市)农业生产面板数据

本书所使用数据主要来源于全国各省(自治区、直辖市)2001—2020 年 20 年的农业生产面板数据组成的上百个样本，其中包含来自 Landsat TM 30 m 卫星遥感影像数据的不同坡度耕地面积和记载于历年《中国统计年鉴》与《新中国六十年统计资料汇编》等资料的粮食作物播种面积、粮食产量、农作物播种面积、农作物受灾面积、农业有效灌溉面积、农业劳动力数量、农业补贴、农业产值、化肥折存量、耕地面积、乡村道路里程等数据；还有来自历年《中国农业机械工业年鉴》的机械化普及率中机收面积、机播面积、机械总动力等数据。

(2) 各省(自治区、直辖市)农业生产经济发展数据

本书所使用的各项农业生产经济发展数据来自《中国农业年鉴》《中国统计年鉴》《新中国六十年统计资料汇编》等，主要包括乡村从业人员数量、乡村农林牧副渔从业人员数量等数据。

(3) 各省(自治区、直辖市)农产品成本收益数据

本书所使用的各省(自治区、直辖市)农产品成本收益数据主要包括记录在《全国农产品成本收益资料汇编》中的经济作物与粮食作物的成本收益数据。粮食作物选取了小麦、水稻和玉米，经济作物选取了烟叶、甘蔗、棉花和甜菜。为了保证样本中的数据每年都有该项目的农业生产，其中小麦数据来自湖北省、湖南省、江苏省、河北省、河南省、安徽省、黑龙江省、云南省、四川省、内蒙古自治区、新疆维吾尔自治区、山东省、山西省、浙江省、陕西省、甘肃省、北京市、上海市、贵州省、宁夏回族自治区、天津市等 21 个区域；水稻数据来自江苏省、江西省、浙江省、安徽省、湖北省、湖南省、广东省、云南省、广西壮族自治区、海南省、四川省、陕西省、河南省、黑龙江省、吉林省、

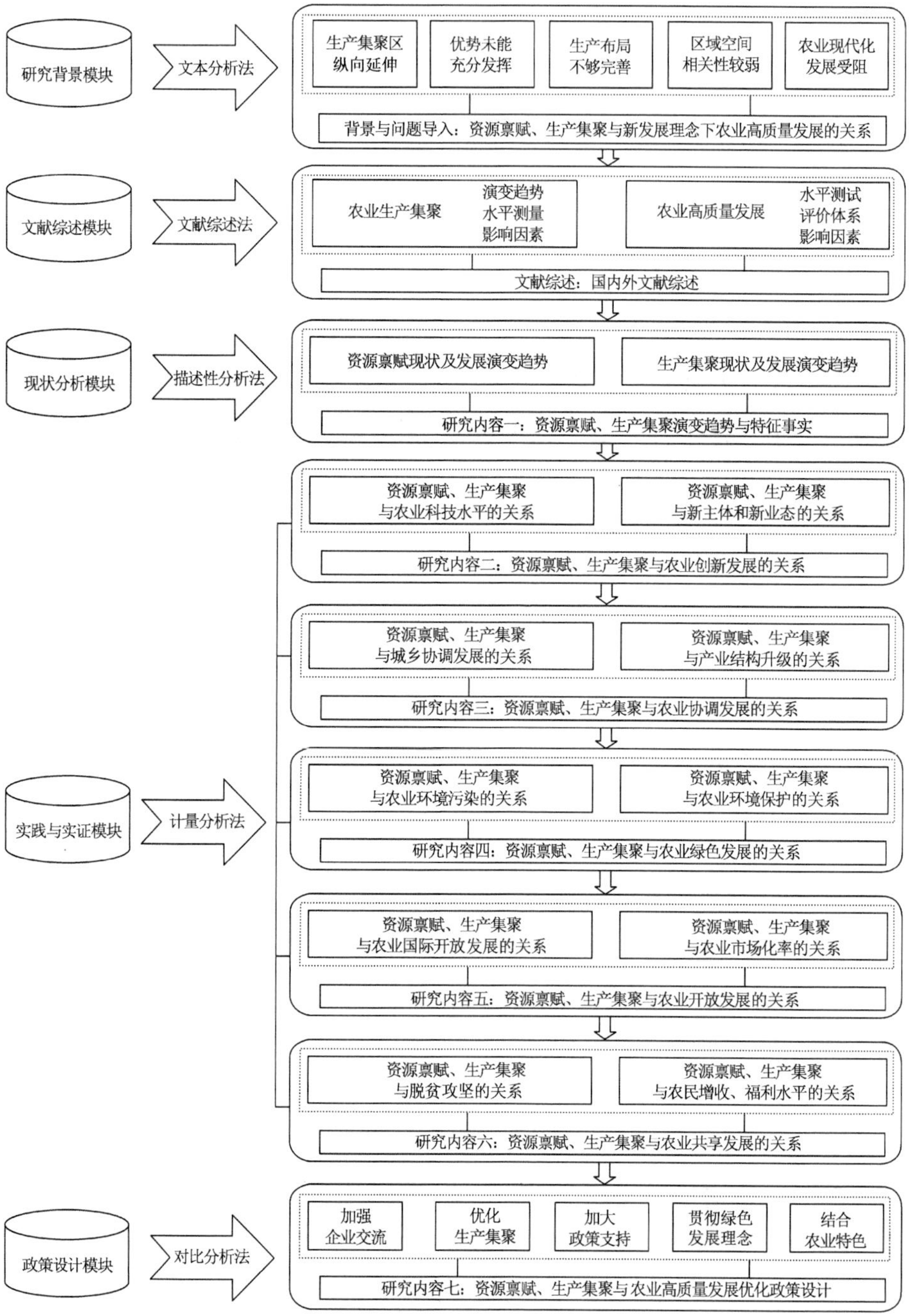
研究背景模块
文本分析法
生产集聚区纵向延伸
优势未能充分发挥
生产布局不够完善
区域空间相关性较弱
农业现代化发展受阻
背景与问题导入：资源禀赋、生产集聚与新发展理念下农业高质量发展的关系
文献综述模块
文献综述法
农业生产集聚
演变趋势
水平测量
影响因素
农业高质量发展
水平测试
评价体系
影响因素
文献综述：国内外文献综述
现状分析模块
描述性分析法
资源禀赋现状及发展演变趋势
生产集聚现状及发展演变趋势
研究内容一：资源禀赋、生产集聚演变趋势与特征事实
资源禀赋、生产集聚与农业科技水平的关系
资源禀赋、生产集聚与新主体和新业态的关系
研究内容二：资源禀赋、生产集聚与农业创新发展的关系
资源禀赋、生产集聚与城乡协调发展的关系
资源禀赋、生产集聚与产业结构升级的关系
研究内容三：资源禀赋、生产集聚与农业协调发展的关系
实践与实证模块
计量分析法
资源禀赋、生产集聚与农业环境污染的关系
资源禀赋、生产集聚与农业环境保护的关系
研究内容四：资源禀赋、生产集聚与农业绿色发展的关系
资源禀赋、生产集聚与农业国际开放发展的关系
资源禀赋、生产集聚与农业市场化率的关系
研究内容五：资源禀赋、生产集聚与农业开放发展的关系
资源禀赋、生产集聚与脱贫攻坚的关系
资源禀赋、生产集聚与农民增收、福利水平的关系
研究内容六：资源禀赋、生产集聚与农业共享发展的关系
政策设计模块
对比分析法
加强企业交流
优化生产集聚
加大政策支持
贯彻绿色发展理念
结合农业特色
研究内容七：资源禀赋、生产集聚与农业高质量发展优化政策设计

图 1-1　研究技术路线

辽宁省、山东省、河北省、贵州省、上海市、福建省、北京市、宁夏回族自治区、天津市等 24 个区域；玉米数据来自江苏省、安徽省、山东省、山西省、广西壮族自治区、陕西省、四川省、河北省、河南省、黑龙江省、湖北省、吉林省、辽宁省、内蒙古自治区、新疆维吾尔自治区、云南省、北京市、甘肃省、宁夏回族自治区、天津市、贵州省等 21 个区域。

1.5 结构安排

本书共分为 9 章，具体结构安排如下所述。

第 1 章：绪论。本章以实施乡村振兴的国家战略为背景，结合我国农业生产集聚水平不断提升的实际，找出资源禀赋、生产集聚与农业高质量发展研究中亟待解决的问题，并剖析资源禀赋、生产集聚对我国农业高质量发展产生的影响。首先，引出本书的重点研究内容——探究生产集聚对农业高质量发展的影响，并具体研究生产集聚与农业创新发展、协调发展、绿色发展、开放发展和共享发展之间的内在联系。其次，确定本书的研究目标、研究内容及研究方法，制定技术路线并安排本书结构。最后，阐述本书的创新之处与不足。

第 2 章：概念界定、理论基础和文献综述。首先，对集聚、产业集聚、生产集聚、农业资源禀赋、农业高质量发展等概念进行论述。其次，介绍新经济地理理论、资源优势理论和马歇尔产业区理论等。最后，对生产集聚和农业高质量发展等相关文献进行综述与评价。

第 3 章：资源禀赋、生产集聚演变趋势与特征事实。本章分析了我国资源禀赋、生产集聚的现状与演变趋势，包括农业机械发展历程，耕地资源在数量和质量上的变化情况，农村劳动力转移趋势和特征，粮食作物地区平均集聚水平、专业化水平及其内部各作物之间的时空关联性，并介绍了测量生产集聚水平的相关研究方法。

第 4 章：资源禀赋、生产集聚与农业创新发展研究。首先，构建计量模型和空间杜宾模型，并对资源禀赋、生产集聚与农业创新发展（代理变量为农业科技水平和新主体、新业态）进行模型设定和相关数据估计。其次，描述变量设置中相关概念，主要是农业劳动力数量、农业耕地面积、农业资本存量、农业技术水平、农业人力资本、农业科技水平、科技财政投入、人均可支配收入、自然灾害、劳动力非农就业比例和城镇化水平。最后,进行实证检验。通过对空间滞后模型回归结果的分析,得到了资源禀赋、生产集聚分别对农业科技水平和新主体、新业态的影响,进一步得出资源禀赋、生产集聚对农业创新发展的影响,并进行了稳健性检验。

第 5 章:资源禀赋、生产集聚与农业协调发展研究。首先,构建计量模型和空间杜宾模型,并对资源禀赋、生产集聚与农业协调发展(代理变量为城乡协调与产业结构)进行模型设定和相关数据估计。其次,选取相关变量。变量主要包括城镇化水平、综合机械化率、交通基础设施。最后,进行实证检验,分析得到资源禀赋、生产集聚分别对城乡协调和产业结构的影响,进而得出其对农业协调发展的影响,并进行稳健性检验,进一步验证研究结论。

第 6 章:资源禀赋、生产集聚与农业绿色发展研究。首先,构建计量模型和空间杜宾模型,并对资源禀赋、生产集聚与农业绿色发展(代理变量为农业环境污染与农业环境保护)进行模型设定和相关数据估计。其次,选取变量。变量主要包括农业环境污染、农业环境保护、闲置农地、城镇化水平和产业结构。最后,进行实证检验,分析得到资源禀赋、生产集聚分别对农业环境污染和农业环境保护的影响,进一步明确其对农业绿色发展的影响,并进行稳健性检验,进一步验证研究结论。

第 7 章:资源禀赋、生产集聚与农业开放发展研究。首先,构建计量模型和空间模型,并对资源禀赋、生产集聚与农业开放发展(代理变量为农业市场化率和农业国际开放)进行模型设定和相关数据估计。其次,选取变量。变量主要是农业国际开放程度、省级层面农业市场化率、经济开放度、城镇化水平、国际市场农产品价格、中国人口数量和劳动力非农就业比例。最后,进行实证检验,分析得到资源禀赋、生产集聚分别对农业市场化率和国际开放的影响,进而判定其对农业开放发展的影响,并进行稳健性检验,进一步验证研究结论。

第 8 章:资源禀赋、生产集聚与农业共享发展研究。首先,构建计量模型和空间杜宾模型,并对资源禀赋、生产集聚与农业共享发展(代理变量为脱贫攻坚、农民增收和福利水平)进行模型设定和相关数据估计。其次,选取变量。变量主要是脱贫攻坚水平、农业增收水平、地区福利水平、土地流转情况、农村医疗保障水平、地区老龄化程度、农村低保人数和人均农业补贴。最后，进行实证检验，分析资源禀赋、生产集聚分别对脱贫攻坚、农民增收和福利水平的影响，进而探讨其对农业共享发展的影响，并进行稳健性检验，进一步验证研究结论。

第9章：研究结论及政策建议。主要介绍本书的研究结论，并提出针对性政策建议。

2 概念界定、理论基础和文献综述

2.1 引　　言

本章将重点阐述新经济地理理论、资源优势理论、马歇尔产业区理论等相关理论的具体内容，并以此作为本书的理论支撑。随着经济社会发展和传统农业向现代农业转型发展，农业生产集聚已成为农业现代化的重要标志和必然趋势[2]。生产集聚所带来的集聚效应集中了农业生产过程中的各种资源，发挥了集聚范围内各地区的资源优势，与新发展理念深度融合，从而推动农业高质量发展迈上新的台阶。

本章的结构安排如下：第一部分全面详细地阐述了集聚、产业集聚、生产集聚、农业资源禀赋和农业高质量发展的概念；第二部分介绍相关理论；第三部分对相关文献进行综述与评价。

2.2 概念界定

2.2.1 集聚、产业集聚与生产集聚

1920 年，马歇尔第一次提出“集聚”这一概念。自此之后，国内外学者纷纷就集聚问题进行深入研究，到目前为止已经取得大量的成果。但其中大部分研究的是产业集聚水平的测算方法、产业集聚成因及其对经济和产业发展的影响，而关于农业生产集聚水平与农业高质量发展关系的研究相对较少，将生产集聚纳入农业高质量发展的研究更少，原因在于缺乏相应数据支撑和实证检验，并与已有的研究结论存在差异。

“集聚”一词有多种定义。当前，有国内学者认为集聚一词可表述为在

地理空间上众多企业在同一产业或不同产业上集中发展的现象。而用经济学原理来解释,集聚是指经济活动者为了达成某种目的而向特定区域集中的过程。除此之外,有国外学者指出,集聚形成于在空间领域内历史累积逐步递增的收益中,具有一定规模和路径依赖及区位锁定特征。

产业集聚是指归属同一门类的产业,包括产业链上下游企业等在某个特定的地理区域内形成高度集中的状态,并使得产业及其资本要素在这一特定的空间范围内不断汇聚并形成规模的一个过程。通俗而言,产业集聚就是指生产某类产品的企业,以及生产与该类产品相关产品的企业,在一个区域范围内高度密集地聚集在一起。“集聚”运用于产业这一特定领域更多的是指将生产各种类似产品的企业聚集在一起进行经济活动的现象[3]。另外,集聚还包括两个层面,一个是横向集聚,另一个是纵向集聚。从横向的层面看,它是指在一定空间内企业厂商形成规模性聚集的现象;从纵向的层面看,集聚是指生产要素在一定空间内聚集的现象,这里的生产要素包括资本、劳动力等。可见,集聚本质上就是生产要素在特定区域范围内的集中,具体又可分为指向性集聚和经济关联集聚这两种表现形式。指向性集聚是在产业集聚的形成过程中,充足廉价的劳动力、大规模集中的原材料、巨大的市场潜力和便利交通的枢纽节点等要素被吸引到一个区位优势凸显的区域,和某一地区的各类优势资源结合起来并形成的产业群体的集聚;经济关联集聚是以不断扩大企业规模效益和经济效益为目的,充分利用互补性资源和关联产品的原材料资源,来加强某一地区企业之间的相互关联度的集聚。这类集聚能够在外部条件上为企业提供更多的便利。经济关联集聚又包括两种类型:一种是因纵向的经济关联而形成的集聚,此处的经济关联包括企业的投入和产出之间的关系,即 A 企业投入的同时对应着 B 企业的产出;另外一种是因横向的经济关联而形成的集聚,这里的经济关联是指围绕某一地区的主导产业与部门形成的产业群体之间的关系。孙浦阳等认为在工业或产业领域多是通过测算就业密度或就业总量来表示产业集聚[4]。

农业生产集聚是农业在适当区域范围内进一步分工的结果,表现为一类或多类农作物不断向某个特定区域范围内集中种植。农业生产集聚作为一种成效显著的空间组织形式,有助于提高规模效益和农业生产效率,提升区域或地方农业发展竞争力。在影响农业空间布局的因素中,资源禀赋是自然因素，经济发展是社会因素，而国家区域发展政策则引导各区域提高粮食生产集中度，这一现象充分体现了相关政策引导对优化农业地理空间布局的重要影响[5]。

笔者认为，生产集聚是指在农业生产过程中，某种农作物集中种植程度不断提高的现象。农作物的地理空间布局越合理，生产集聚水平越高。生产集聚的主要表现形式体现在产业的集聚程度和对其影响的因素上，如资源禀赋、发展政策等。衡量农业生产集聚程度的方法主要包括测算空间基尼系数、地区平均集聚率、区位熵指数、莫兰指数等指标。使用这些方法的前提是以严格的空间独立分布特性和空间同质性为研究假设。由于所选数据的限制，本书采用了不同的指标来衡量不同集聚区域或范围的农业生产集聚程度。

2.2.2 农业资源禀赋

本书所指的农业资源禀赋是指在农业生产过程中，为某种农产品提供正常生长所需的资源和条件，包括投入要素资源和基础物质。投入要素资源即生产要素，从传统意义上来说，它是指劳动力、自然环境、技术水平、资本等资源；从当今现代化角度理解，也指信息资源、生产制度和农业市场等。但是，本书只对农业资源禀赋中最为传统的投入要素，即农业劳动力资源、技术资源、资本要素等进行简要叙述。

(1) 农业劳动力资源是指具有农业生产能力的劳动力数量和质量。如果某地区具有一定数量的高质量劳动力，即使在特定的需求下，该地区的农产品也能展现出产品优势和竞争力。很显然，农产品的优势大小和农业劳动力的数量、质量有直接关系。一方面，农业劳动力应适量。农业劳动力数量不足将会导致农业生产不顺利或不及时，而农业劳动力过剩则会降低生产效率，并在一定程度上造成资源浪费。另一方面，农业劳动力应优质。农业劳动力的质量大多指其文化水平的高低。农业劳动力文化水平的高低对农业生产创新等优势的发挥程度有着决定性作用。例如，甲区域范围内农产品的创新优势极大，很可能是由于该区域农业劳动力文化水平极高。

(2) 农业技术资源主要包括农业技术现代化资源和农业机械自动化资

源。从农产品生产成本角度来说，农业技术资源的利用可以降低单位成本。从农产品质量来说，农业技术资源的利用不仅可以提升品质，还可以提升比较优势，如降低农业生产受自然灾害等不可控因素的影响。

(3) 农业资本要素是一种可用于改善农业生产条件和农业基础设施等的资本要素。合理地调整农业生产和产品结构可以使农产品生产更有优势。

2.2.3 农业高质量发展

农业高质量发展既是治国之本，又是强国之策。国家对农业高质量发展工作给予高度重视，提出到2035年我国农业要实现高质量发展和基本现代化，既要针对我国农业高质量发展存在的问题与差异，也要立足我国现代化发展的基本国情，力争用创新、协调、绿色、开放、共享这5个新发展理念来实现农业的高质量发展和农业现代化[6]。面向新阶段下国家对农业高质量发展的战略要求，2021年国家提出了以全面推进乡村振兴为目标，以推动高质量发展为主题，以坚持创新驱动发展为前提，加快农业(农村)现代化，推动农业高质量发展。

陈有联[7]认为农业作为经济结构的重要组成部分，在面对当今世界百年未有之大变局和中华民族伟大复兴战略全局的新时代，推动农业高质量发展是推进乡村振兴的重中之重，不仅可以巩固和拓展脱贫攻坚成果，也能促进农业现代化发展。

农业高质量发展的根本在于经济的活力、创新力和竞争力，以此推动农业供给侧结构性改革，同时推动经济发展质量、效率、动力变革，从而提升全要素生产率。

农业高质量发展极大程度上影响了经济高质量发展，既包括具有高价值的农产品、优化调整的消费结构、稳定增加的农民收入、不断增强的可持续发展能力，又包括高效健全的经营体系、安全完备的生产方式、国际化的竞争力[8]。裴会永等[9]认为从整个农业发展来看，不仅要注重农产品供给的质量保障，还要以提高农业资源配置效率来推动农业可持续发展。

2.3 理论基础

2.3.1 克鲁格曼新经济地理理论

20世纪90年代初，美国经济学家克鲁格曼以非线性动力学理论为基础提出新经济地理模型，开创了新经济地理理论，首次将区位问题与规模经济、竞争和均衡问题纳入同一经济框架，构建了"中心-外围"模型。新经济地理理论的核心思想主要体现在以下两个方面：

(1) 阐述了产业集聚的过程。新经济地理理论以不完全竞争的市场结构和规模报酬递增作为假设建立分析模型，认为运输成本下降、规模报酬递增和需求差异化的共同作用形成了产业集聚[10]。在讨论产业是否在地理上集中以及如何集中的问题时，克鲁格曼建立了"中心-外围"这一新经济地理理论中最具代表性的一般均衡区位模型。该模型解释了规模报酬、运输成本及要素流动等交互作用下的产业分布特征。在"中心-外围"模型中，产业在地理上集中主要受靠近市场的有利效应、节约生活成本效应及拥挤带来的负面效应等3种效应共同驱动。其中，靠近市场有利效应和节约生活成本效应的合力形成向心力，促进企业和消费者在地理上集中，而拥挤带来的负面效应则形成离心力，促使企业在地理上扩散。由于原始集聚具有偶发性，在新经济地理理论中，克鲁格曼引入了突变这一概念。生产的地理结构长期均衡无变化，但一旦发生变化，可能是极为迅速且爆炸性的，现实的经济空间向心力和离心力同时存在，两种力量此消彼长，经济格局也随着这两种力量的改变而改变。

(2) 探讨了产业集聚的外部经济性。克鲁格曼阐述了产业地方化的3个原因，并运用模型进行定量研究，证明了马歇尔劳动力共享效应的正确性，专业化的劳动市场是有益的[11]。克鲁格曼还进一步分析了马歇尔理论中遗漏的工资问题，论述企业偏好竞争不激烈的劳动市场，以及雇工偏好竞争更激烈的劳动市场。对于中间投入品共享效应，克鲁格曼发现产业集中后，最终产品和中间投入品的运输成本都在降低[12]。而在技术溢出效应上，克鲁格曼虽承认技术外溢对行业地方化过程起到一定作用，但技术外溢的作用排在劳动力市场和中间投入品共享效应之后。他认为某些地方化的行业并不是高技术行业，知识的流动难以量化，所以应先集中探讨能够被模型化的这部分外部经济[13]。

新经济地理理论是地理学和经济学交叉的理论体系。研究指出，金融外部性主要通过市场、生产成本及价格指数来影响产业地理集聚的C-P结构(一种类似于句子主语和谓语之间紧密关系的结构)，在要素流动、资本积累及投入-产出关联下产生需求与供给的循环累积因果机制。在D-S垄断竞争模型框架下，产业地理集聚机制主要是基于外部性的要素积累机制、要素流动机制和垂直关联机制。D-S垄断竞争模型为一个规模经济和多样化消费之间的两难冲突模型，以验证垄断竞争是否会导致过多的产品多样化。随着该理论的不断发展，这3种不同机制也随之发展并完善。以垂直关联机制为例，克鲁格曼等构建了基于企业家、资本和中心-外围理论的模型。该类模型假定企业之间存在前后关联关系，除要素流动的因素外，产业关联也会引起产业地理集聚，在投入-产出关联性中，随着投入品供需增大，会导致厂商在一定区域内形成集聚[14]。当要素流动及前后关联的假设不能得到满足时，产业地理集聚的形成又要从哪个方面进行解释？R. E. Baldwin的研究发现，要素积累机制对产业地理集聚具有促进作用。在此研究基础上，R. E. Baldwin提出了资本创造模型，并假定资本和劳动力是不可流动的，在不存在前后关联效应的前提下，产业地理集聚主要是由要素积累与本地市场效应互动而产生的。而在要素流动机制研究方面，也有很多经典模型，如资本流动模型(FC模型)和劳动力流动模型(FL模型)。这两种模型在假设条件方面相差较大，前者假定资本能跨区域流动而劳动力不能，后者则假定中心和外围地区均分布有农业人口，而仅在制造业中存在劳动力流动的情况。两种模型虽假设不同，但均包含了驼峰状集聚租金和本地市场效应，在集聚产生原因方面，均承认生产要素的跨区域流动和本地市场效应对产业地理集聚的产生具有重要的推动作用。而FL模型和FC模型的区别则主要体现在FL模型具有内生非对称性和区位黏性等多重特征，在运输成本降低和收益递增的情况下，利于产业地理集聚形成，但在不存在要素或劳动力流动机制的国家或地区的产业地理集聚存在难以解释的问题。所以，在后续的研究中，克鲁格曼和R. E. Baldwin等从其他角度对该机制进行了解释，使人们再次聚焦产业集聚领域，为研究产业集聚形成的机制提供了新的视角和方法。克鲁格曼和 R. E. Baldwin 等最主要的贡献在于构建了严谨的数理模型，为经济活动区位分析提供了符合经济学理论的规范分析框架，为产业政策的制定提供了理论依据。但该模型尚未考虑社会、文化与制度等因素，所以在产业集聚的社会文化根治性方面难以做出客观、准确的判断。

2.3.2 资源优势理论

资源禀赋又称生产要素投入禀赋，表示为某一国家或地区所拥有的生产要素，一般主要包括土地资源、劳动力资源和资本数量等要素在数量、质量和时空分布上所呈现的状态。但是在国际贸易理论中，资源禀赋则表示为一个国家或地区所拥有的生产要素相较于其他国家或地区的丰歉程度。如果某个国家或某个地区的某种生产要素（如劳动力等）占全部生产资料的比例较大，并且价格相对较低，那么当与其他国家或地区相比较时，该国家或地区的该种生产资料相对来说比较丰裕。若与其他国家或地区相比，该国得到的某种生产资料占全部生产资料的比例较小，则说明该种生产资料较为匮乏。

按照比较优势的原则，该国家或地区应大力发展拥有相对丰裕生产要素的产业，并且大量出口此类商品，而抑制甚至封停生产要素相对匮乏的产业，并大量进口此类商品，这就是经典的禀赋优势理论——“赫克歇尔-俄林定理”的基本精神。

西方经济理论关于资源禀赋与经济发展的影响总体上秉持优势论调。威廉·配第关于“土地是财富之父、劳动是财富之母”的这一命题，是对生产要素正向作用的经典论述，此后无论是萨伊的“三要素论”还是马歇尔的“四要素论”，只是扩展了生产要素的种类，强调生产要素对经济增长所起的促进作用。而真正将资源禀赋对经济发展和国际竞争的优势作用阐释清楚的是国际分工和国际贸易理论。亚当·斯密的绝对优势理论和大卫·李嘉图的比较优势理论虽然都以劳动价值论为基础，从技术水平的绝对差异和相对差异角度来论证国际分工和国际贸易的基础和原则，但实际上他们所谓的技术水平差异主要源于产品的劳动生产率差异，并且亚当·斯密认为经济体的绝对优势来源于自然优势和获得性优势，这种从生产要素条件寻找分工基础和竞争优势的思路恰好佐证了资源禀赋对于经济发展的重要作用。在大卫·李嘉图比较优势理论的基础上，瑞典经济学家赫克歇尔和俄林提出了要素禀赋理论，将资源禀赋对于经济发展的关键作用推向了极致，直接用资源要素的丰歉关系来解释国际贸易活动的发生原因和不同国家进口、出口商品的类型，奠定了现代国际贸易理论基础。

2.3.3 马歇尔产业区理论

1890年，经济学家马歇尔出版了《经济学原理》一书。该书最先关注了工业集聚现象，主要体现在其"产业区"理论。他通过对英国谢菲尔德刀具工业和西约克郡毛纺织区的观察发现，企业在地域上的集中会促进企业间的分工合作，在效率方面会高于独立厂商。马歇尔将规模经济分为两种：一种是与外部环境（主要指产业地区集中水平）相关的外部规模经济；另一种是与企业资源和管理效率相关，且与外部环境无关的内部规模经济。马歇尔认为，产业集聚的根本目的是追求外部规模经济，使得产业区内企业实现规模报酬递增。集聚效应主要体现在以下3个方面：一是知识溢出效应。产业区内的企业在地理上集中，使得生产技术和知识的传播在小范围内相对容易，因此企业在产业区内集聚更便于新技术、新知识的传播与应用。二是劳动力共享效应。企业通常会去优秀技术人才聚集的地方聘请工人，而求职者通常也倾向于去企业集中的地方。产业区内集聚大量企业，自然也会吸引大量求职者，在产业区内形成良好的劳动力需求和供给环境，形成较为专业的劳动力共享市场。该市场一方面能够降低产业区内企业寻找和培训劳动力的成本，降低工人失业率，提升企业生产效率；另一方面反作用于产业集聚，促进了产业集聚的发展。三是中间投入品共享效应。产业区内设有专门从事为核心企业提供中间投入品的企业，这些中间企业能够使用更为专业的设备及时向产业区内企业提供原料与产品运输等相关服务，从而削减企业中间投入品的搜寻和运输成本并降低运输时间的延迟风险，以此节省企业的时间和生产成本。

马歇尔的产业区理论侧重于讨论企业为追求外部规模经济而在区域内集聚，而集聚形成以后才会有外部规模经济。马歇尔描述了集聚的优势却未能阐述外部规模经济的来源，所以只是在一定程度上解释了产业集聚的原因,且仅以静态均衡分析来处理动态的规模报酬递增,难以清晰地诠释产业区的动态发展过程。

2.3.4 杜能农业区位理论

1926年,德国农业经济学家杜能提出了农业区位理论。该理论所指的区位是指社会、经济等活动在空间上所处的位置,而区位理论则是一种关于该活动的空间分布及空间之间关系的学说。世界上第一部关于区位理论的学术著作为《孤立国同农业和国民经济的关系》,它的出版标志着农业区位理论的诞生[15]。农业区位理论主要讲述区位对土地利用情况的影响,城市区和农业区分别对应着"中心"与"外围",二者之间的关系是逐步过渡的。农业生产成本和收益受二者距离的影响,在这种状况下,农业土地利用类型与农业土地经营集约程度将会受到极大的影响。

农业区位理论的假设是农村分布于外围地区,唯一的中心地带是城市。城市具有双重身份,即工业品的供给者和农业品的需求者,而这双重身份均需要依靠马车这种运输方式来实现,所以在这个过程中,想要追求利益最大化,就需要考虑如何降低运输成本,这也是农业生产者最关注的问题之一。我们可以从以下角度进行考虑:由于在农产品的生产销售过程中,成本主要分为生产和运输成本,利润主要与销售价格有关,销售价格又由生产的品种和方式决定,因此我们需要确定农业生产活动中利润与成本之间的关系。农业生产者每单位播种面积上获得的利润 P 由生产成本 E、市场价格 V 和运输费用 T 三者共同决定,可用下式进行表示:

$$P=V-(E+T) \tag{2-1}$$

农产品主要的销售市场在中心城市,所以中心城市的农产品销售价格决定了农产品的整体市场销售价格。也就是说,农产品的价格在一段时期内是稳定的,可以保证各地农产品的投入固定化。所以,利润是剩下唯一的影响因素,即受农产品的运输成本决定,若想获得最大化的利益,则需要最小化的运输成本。杜能农业区位理论最大的贡献就在于,最大限度地优化土地利用格局,以期达到利润最大化的目标。杜能的研究发现,在完全竞争的市场环境下,农户作为农产品的供给方,无法改变农产品的价格,在排除价格因素后,生产成本和运输成本均受距离影响。在这种情况下,在与城市距离相同的农村中，农户的生产布局大概是相同的，即与城市距离不同的农村才会有不同的种植决策，进而在空间上形成了一种由距离远近而带来的农产品类别差异化的圈层分布。因此，在杜能农业区位理论的框架中，土地地租和运输成本对农业生产布局的影响是非常大的，这为后续相关理论的研究提供了新思路，但依旧忽略了外部因素对农业布局的影响。

2.4 文献综述

2.4.1 关于农业生产集聚的文献综述

20 世纪 30—80 年代，农业布局在空间分布上出现了集聚现象和集中趋势。当今社会，我国工业和农业正朝着信息化、现代化方向发展。在未来的发展趋势中，农业生产集聚和区域集聚已成为农业发展的典型态势。随着农业集聚的演变，与生产集聚相关的研究越来越重要，主要集中在以下几个方面：

(1) 生产集聚演变趋势

长期以来，我国农作物生产集聚一直在助推农业发展，粮食的生产布局逐渐由“中心”转向“边缘”[16]。从不同的粮食品种来看，这种地区趋势具体可概括为，小麦向北部地区扩展、向中部地区集中，稻谷向东北地区扩展，玉米向东北地区扩展、向中部地区集中。蔬菜生产重心已从“郊外”地区转移到“农业”地区。在种植业方面，肖卫东[17]得出了我国农业种植区域可以划分成东部、中部、西部三大区域，将三大区域种植业的播种面积与全国种植业总播种面积相比，所得出的比例则为生产集聚的代理变量。研究结果表明，在我国的东部、中部、西部区域的生产集聚程度以及种植业生产率均呈现明显下降的趋势。在棉花方面，朱启荣[18]用棉花种植面积占全国棉花总面积的比例来表示生产集聚代理变量，发现自 1980 年以来中国棉花主产区逐渐从安徽、湖北、湖南等南方地区向山东、河北、河南等北方地区迁移，然后再向西北地区的新疆维吾尔自治区迁移。在粮食作物方面，陈甜、肖海峰[19]通过使用我国在 1989—2012 年统计的粮食作物相关数据，采用一系列计算方法分析了我国在这 24 年中粮食作物生产集聚的时空特征和演变趋势。结果显示,从整体的空间范围上看,我国粮食作物的生产集聚程度较高,但不同的农作物集聚区域所形成的生产集聚还是存在着差异。从演变趋势上看,位于我国中、东部地区的粮食作物生产总体上向西部地区转移,谷类作物向东北地区转移,而豆类作物仍以东北地区为主要集聚区。陆文聪等[20]通过计算莫兰指数的方法来分析粮食生产集聚地区间的差异,从而发现了粮食产出的空间溢出效应。例如,若我国有一个地区粮食大规模产出,那么相邻地区则极大程度上会受其影响而造成粮食生产缩减。

(2) 生产集聚水平测量研究

基尼系数是意大利经济学家基尼于1922年提出的定量测定收入分配差异程度的指标。基尼系数表示在全部居民收入中,用于进行不平均分配的那部分收入占总收入的百分比。基尼系数最小等于0,表示收入分配绝对平均;最大等于1,表示收入分配绝对不平均。现实生活中,两种情况都不可能发生,基尼系数的实际数值只能介于0和1之间。

本部分所采取的基尼系数法用于测算农作物的生产集聚水平。经测算发现,我国农作物总体的生产集聚水平正在不断上升,农作物基尼系数从1985年的0.650上升到2011年的0.678,上升了4.31%。但不同农作物的生产集聚水平变化趋势存在差异,例如,劳动密集型作物的基尼系数从1985年的0.682 1下降到2011年的0.677 5,土地密集型作物的基尼系数从1985年的0.564 9上升到2011年的0.572 4。邓宗兵等[21]运用区位基尼系数、产业集中率、地区平均集聚率和空间相关系数测算了1978—2011年中国种植业生产集聚水平。结果表明,34年来各类作物基尼系数变动情况如下:2011年种植业基尼系数为0.417 4,比1978年上升了0.023 7;2011年谷类作物为0.438 9,比1978年上升了0.056 0;2011年薯类作物为0.484 3,比1978年下降了0.108 7;2011年豆类作物为0.579 0,比1978年下降了0.035 0;2011年油料作物为0.546 3,比1978年上升了0.071 4;2011年棉花为0.666 1,比1978年下降了0.031 4;2011年麻类作物为0.736 5,比1978年上升了0.072 5;2011年糖料作物为0.813 3,比1978年上升了0.053 1;2011年烟草作物为0.834 6,比1978年上升了0.126 9;2011年茶叶为0.683 3,比1978年下降了0.038 8;2011年水果作物为0.467 2,比1978年下降了0.152 0;2011年经济作物为0.678 2,比1978年上升了0.014 5;2011年粮食作物为 0.500 8,比 1978 年下降了 0.029 0。贾兴梅、李平[22]通过基尼系数和区位熵指数等分析了 1985—2011 年我国农业生产集聚水平的变化趋势。结果表明,2011 年谷类作物基尼系数为 0.467,比 1985 年上升 0.067;2011 年豆类作物为 0.602,和 1985 年持平;2011 年薯类作物为 0.483,比 1985 年下降 0.078;2011 年棉花为 0.819,比 1985 年上升 0.116;2011 年油料作物为 0.549,比 1985 年上升 0.082;2011 年麻类作物为 0.750,比 1985 年上升0.056;2011 年甜菜为 0.885,比 1985 年上升 0.107;2011 年烟叶为 0.731,比 1985 年上升 0.065;2011 年蚕茧为 0.750,比 1985 年下降 0.002;2011 年茶叶为 0.719,比 1985 年下降 0.110;2011 年水果为 0.469,比 1985 年下降0.066。陈甜、肖海峰运用区位基尼系数、产业集中度、专业化指数测算方法对 1980—2012 年中国粮食作物的生产集聚水平进行了测算。结果表明,1980—2012 年粮食作物基尼系数从 0.394 0 上升到 0.512 0,其中谷类作物从 0.434 4 上升到 0.507 4,薯类作物从 0.591 5 上升到 0.528 3,豆类作物从0.631 0 下降到 0.583 0。

(3) 生产集聚的影响因素

生产集聚的变化受多种因素影响,这一系列影响因素主要分为两个层面。第一是宏观层面,即条件因素,如国家调控、自然条件、农业资源禀赋和所处范围经济发展水平等;第二是微观层面,如农户特征、收入水平、劳动力数量与质量等。本书将从以下两个方面具体阐述生产集聚的影响因素。

① 社会经济发展方面。当今社会,随着经济与科技的迅猛发展,社会经济发展水平对农业生产集聚所产生的影响越来越重要。例如,若某地区经济发展水平不断提高,那么该地区劳动力非农就业比例就会不断提高,该地区的土地流转市场和新型经营主体等也能被更好地盘活。由此得出,快速发展的社会经济能进一步促进农业生产集聚规模化和现代化。部分学者认为的“粮食作物种植数量的降低是由劳动力外流导致的”这一观点不一定成立。劳动力外流在保证家庭现有种植规模不变的情况下,能够提升人均耕地面积,增加人均家庭农业劳动力的耕地数量,从而促进农业生产集聚水平的提高。除此之外,比较效益对生产集聚也产生了影响。比较效益越高,农业生产和农业种植积极性就越高,该农业产业所在地区的生产集聚水平也就越高。罗万纯、陈永福以 1978—2003 年的数据为例对中国各省级、市级

行政单位的粮食生产面板数据进行了实证分析。结果显示，经济效益的提高能促进粮食生产集聚水平的提高，即经济效益的提高能够对粮食生产集聚产生正向推动作用[23]。朱启荣通过对影响棉花产业布局变化的因素进行实证分析，发现比较效益和劳动力非农就业比例显著影响了我国棉花生产的布局。

② 农业资源禀赋方面。农业资源禀赋是影响粮食生产集聚的首要因素。大量研究结果显示，影响我国农业生产集聚的基础因素是自然因素。生产集聚形成最初主要受气候、水和矿产等自然资源的影响。因此，自然因素是影响生产集聚的重要因素之一，且影响力十分重要。罗万纯、陈永福[24]通过对1978—2003年我国各省(自治区、直辖市)粮食生产面板数据进行实证分析，阐释了成灾面积与生产集聚水平呈负相关关系，发现粮食单产、重复指数对粮食作物生产集聚产生的影响极大。为了规避农业风险，避免生产集聚导致的成灾面积扩大，农户热衷于选择种植多样化品种的农作物。除了自然因素以外，资本存量、劳动力数量和耕地数量等因素均会对生产集聚产生影响[25]。杨万江[26]通过实证分析表明，农业劳动力数量、化肥使用量、有效灌溉面积、水稻单产和耕地面积等因素能够显著影响中国水稻生产空间集聚布局的变动。张落成[27]对中华人民共和国成立以来的粮食生产布局进行研究，发现我国粮食生产布局变化的原因是人地矛盾和市场与运输条件的变化。郑旭媛等[28]以劳动力成本不断上升为背景，分析了劳动力价格和地形对粮食作物生产变迁的影响。研究发现，地形能够直接影响农业技术的使用，而农业技术则直接影响粮食作物的连片作业和生产，因此，不良地形会对生产集聚产生负面影响。

此外，农业资源禀赋中农业技术也是关键因素之一，在农业技术进步给农业带来深刻变化的同时，也对粮食生产集聚的变化产生了深刻影响[29]。随着人们物质文化生活水平的逐步提高和工业化、城镇化的进一步发展，我国农业劳动力逐渐大量外出，土地流转变革也在不断深化。相关研究表明，可以通过提高农业技术水平有效缓解因农业劳动力大量外出而对农业生产造成的冲击。农业技术进步可以极大地提高农业机械化、规模化、自动化和数字化水平，所以为实现农业生产现代化这一目标，我国将推动农业技术进入高速发展环节。张宏升[30]从产业集聚机理层面，阐述了影响我国农业生产集聚因素的构成。其中,科技进步和市场需求是影响生产集聚的主要因素。朱启荣通过对影响棉花产业布局的变动因素进行理论和实证分析,得出了“影响棉花产业集聚的主要因素是技术进步”的结论。我国一直在支持和鼓励农业机械化和自动化发展,通过制定一系列农机补贴政策、补贴种植大户等形式来鼓励农业机械化发展。此外,我国不断更新农作物优良品种,发展转基因技术。优良品种的研究推动了粮食单产提升和规模扩大,进而不断提高农业生产集聚程度。

部分学者对农业生产集聚影响因素的研究结论详见表 2-1。

表 2-1 关于农业生产集聚影响因素的研究结论

研究层面	研究者	研究结论
微观层面	罗万纯、陈永福	资本存量、劳动力数量和耕地数量等因素均会对生产集聚产生影响
	罗万纯、陈永福、伍山林	提高人均家庭农业劳动力的耕地数量会促进农业生产集聚水平的提高
	杨万江	农业劳动力数量、化肥使用量、有效灌溉面积、水稻单产和耕地面积等因素显著影响我国水稻生产空间集聚布局的变动
宏观层面	伍山林、杨春、陆文聪、杨万江	快速发展的社会经济能进一步促进农业生产集聚规模化和现代化
	罗万纯、陈永福	经济效益对粮食生产集聚产生推动作用
	朱启荣、梁书民、R. E. Baldwin、K. Tone	我国农业生产集聚的基础因素是自然因素
	郑旭媛、徐志刚、应瑞瑶	农业技术直接影响着粮食作物的连片作业和生产,因此,不良地形会对生产集聚产生负面影响
	孟子恒、朱海燕、刘学忠、L. J. P. van der Maaten、E. O. Postma、H. J. van der Herik	农业技术对粮食生产集聚的变化产生了深刻影响
	张宏升	科技进步和市场需求是生产集聚的主要影响因素

2.4.2 关于农业高质量发展的文献综述

目前有关农业高质量发展的文献主要聚焦三大部分:第一部分是水平

测算，第二部分是评价体系，第三部分是影响因素。按照影响因素的分类，农业高质量发展的文献又可分为两大类：第一类主要为内部层面影响的文献，第二类主要为外部层面影响的文献。

（1）农业高质量发展水平测算

农业高质量发展是当前我国农业现代化的微观化和高级化指标。因此，从这个角度来说，农业高质量发展水平的测算可以为农业高质量现代化发展水平的测算提供思路、各项指标和相关体系构建等方面的参考[31]。从提高质量效益、绿色主导发展、多产业一体化和规模化生产等 4 个维度出发，对全国各地区农业高质量发展水平进行评价。另外，有些学者参考《国家现代农业示范区建设水平监测评价办法（试行）》（农办计〔2013〕79 号），以农业的生产、经营、产出及农村社会、生态为测算标准，对各地区农业现代化程度进行分析。上述评价体系各有侧重，但对农业高质量发展水平评价指标体系的构建都具有一定参考价值。

（2）农业高质量发展评价体系

已有研究从农业高质量发展评价指标体系的产业体系、生产体系和经营体系等 3 个方面进行，分析了中国农业高质量发展的现状及难点，构建了市场需求与数字技术共同促进农业高质量发展的分析框架[32]。部分学者利用所构建的“两型农业”综合评价指标体系和农业可持续发展评价体系对我国粮食主产区农业可持续发展水平进行评价。例如，匡远配[33]对长株潭地区进行实证分析，得出该城市群农业发展水平仍处于初级阶段，在此基础上提出了推动农业高质量发展要始终体现、贯彻、重申新发展理念。在农业高质量发展的实证研究领域，辛岭、安晓宁[34]从绿色发展引领、供给提质增效、规模化生产、多产业一体化等 4 个维度测算了中国农业高质量发展水平。结果发现，各地区农业高质量发展均存在各种各样的问题与不足。经济发展水平较好的地区应多推动产业融合，从而带动农业高质量发展；土地资源丰富的地区应致力于提升经营规模和提高供给的质量与效率，从而实现农业高质量发展。从维度指标看，根据农业发展的指标高低分析得出，在创新、共享、绿色、协调、开放发展中前三者对实现农业高质量发展影响程度较大，后两者次之。因此，若想使我国农业发展提质增效以及农民增收，则应当以创新发展为主动力，兼顾绿色发展[35]。

(3) 农业高质量发展影响因素

农业高质量发展受多种因素的影响。从内部层面考虑,在基础建设方面受设施是否充足的影响,在生产方面受是否标准化、是否具有融合性和创新性的影响;从外部层面考虑,受服务业、劳动力、金融要素、农业供给以及农民收入保障水平等方面的影响[36]。

① 内部层面因素

首先,农业基础设施是农业高质量发展的重点,如畅通的道路、便利的排灌系统。只有具备良好的基础设施,才能适应机械化发展,使发展现代农业更加便利。刘婷婷[37]的研究表明,农业基础设施若无法达到标准化、规范化的要求,经营主体将会出现融资约束及融资不确定性等问题,这也将导致经营主体的农业生产规模、经营利润大幅降低。

其次,进行标准化生产。如推进高标准农田建设与开展规模化经营是农业高质量发展的基础。

再次,延长产业链,加强农业内部融合并拓展农业功能,促进农业产业产前、产中、产后有效衔接和与第二、三产业的有机融合,加快农业全环节升级,推动农业全链条升值,提升农业核心竞争力,提高农业生产效率,实现农民增收,从而推动农业高质量发展。

最后,要实现农业高质量发展,除了要通过农业科技创新来突破资源环境约束之外,还要拓展农业发展空间,从而实现农民增收,增强农民的幸福感和获得感[38]。张文娟[39]也认为促进农业高质量发展需要高度重视农业科技创新的作用,使得农业体系具有安全的产出、高效的产品、友好的环境等特点,以促进农业高质量发展,加快农业现代化进程。姜宜琛等[40]的研究表明,我国作为农业大国,农业不仅是国民经济的基础,而且关系国家安全,关乎国家在国际社会上的独立性。而当前农业发展遇到瓶颈,只有依靠科技创新,才能拓展发展空间,提高发展效益,从而实现高质量发展。覃欣然[41]认为从科技创新和农业高质量发展之间的良性互动来看,技术的进步和科技创新是农业高质量发展的重要推动力。农业高质量发展有利于加快农村经济发展,提高农民文化素质,增加农民收入,提升农业整体发展水平,也有利于推进农业和农村经济结构的战略性调整,促进农业科技成果的转化应用,提高农业劳动生产率和资源的有效利用率[42]。

② 外部层面因素

外部层面因素对农业高质量发展的影响可分为以下五类。

第一类为服务业。服务业健全可促进农业高质量发展。郝一帆、王征兵认为农业生产集聚会溢出部分红利，政府若注重释放这些红利，并加快扩大生产性服务业规模，就能为农业高质量发展提供新动力[43]。路燕等[44]认为要确保农业高质量发展，需高效推广农业新品种、生产新技术等，更有必要对农作物的生产性能进行改善和提高，对化肥投入量严格控制，并减少使用农药等有毒物质。随着互联网技术的发展，在云计算、人工智能、物联网、大数据等信息化技术充分应用于农业产业链的条件下，加快农业生物技术与农业生产相结合，推进农业适度规模化经营，以此提高农业劳动生产率，降低生产成本。

第二类为劳动力。徐浩[45]认为当前适应农业现代化发展需要的劳动力越来越少，通过政府委托专业机构或专业人才，在原本实践经验丰富的基础上强化科学理念，可为经营主体发展提供内生动力，促进新型农业经营主体高质量发展。

第三类为金融要素。农业的发展需要金融层面的支持，这是因为一方面农业是弱势产业，另一方面农业经营主体抵御风险的能力较差[46]。王睿、周应恒[47]认为，促进经营主体向现代农业企业转变，需要结合农业经营主体金融需求呈现的特征，并考虑还本付息过程中现金流的机制设计以及破产规则的完善。王兴国等认为，农村金融机构在提供信贷、储蓄等服务的同时，对居民生产将产生影响，并借此机会拓展了金融服务，从而对促进农业高质量发展产生直接效应。此外，曾雄旺等[48]还提出要充分运用现代信息技术，努力创新农村金融产品，大力发展新型融资方式，使得农村经济发展逐步趋向于高标准、高效益、可持续发展，从而达到农业高质量发展的要求。

第四类为农业供给。栗录春[49]深入研究了农业供给侧结构性改革，认为促进新型农业经营主体高质量发展，可进一步壮大农业产业市场规模、拉长链条、拉近与农民的距离，同时使得农民组织化程度进一步提高，群众收入进一步增加，个体收入渠道进一步拓宽，为实现农业高质量发展奠定坚实基础。

第五类为农民收入保障水平。江生忠、朱文冲[50]认为提高农民收入保障水平对实现农业高质量发展具有重要影响，而当前对农民收入起保障作用的保险产品存在风险范围覆盖不足及保障水平较低等问题。王泽平、江生忠[51]认为在符合世界贸易组织协议的情况下，提高我国农业收入保障水平，既能有效地支持农业发展，又能在保证农产品市场价格形成稳定机制的同时，稳定农民收入，进而实现农业高质量发展。

部分学者对农业高质量发展影响因素的研究结论详见表 2-2。

表 2-2　关于农业高质量发展影响因素的研究结论

研究层面	研究者	研究结论
内部层面	路燕、赵博、田云峰	延长产业链条，加强农业内部融合并拓展农业功能，促进农业产业产前、产中、产后有效衔接及其与第二、三产业的有机融合
	徐浩	只有具备良好的基础设施，才能适应机械化发展，使得发展现代农业更加便利
	刘婷婷	农业基础设施若无法达到标准化、规范化的要求，经营主体将会出现融资约束及融资不确定性等问题，这也将导致经营主体的农业生产、经营利润大幅降低
	王志伟、张建奎、王榕	进行标准化生产是农业高质量发展的基础
	覃欣然	科技创新是农业高质量发展的重要推动力
	张文娟	促进农业高质量发展需要高度重视农业科技创新的作用
	姜宜琛、花登峰、王桂显	当前农业发展遇到瓶颈，只有依靠科技创新，才能拓展发展空间，提高发展效益，从而实现农业高质量发展
外部层面	郝一帆、王征兵	农业空间集聚会溢出部分红利，政府若注重释放这些红利，并加快扩大生产性服务业规模，就能为农村农业高质量发展提供新动力
	王睿、周应恒	农村金融机构在提供信贷、储蓄等服务的同时，对居民生产将产生影响，从而对促进农业高质量发展产生直接效应
	曾雄旺、张子涵、胡鹏	努力创新农村金融产品，大力发展新型融资方式，使得农村居民经济发展质量逐步趋向于高标准、高效益、可持续发展，从而达到农业高质量发展的要求
	栗录春	农业供给侧改革，即促进新型农业经营主体高质量发展，为实现农业高质量发展奠定了坚实基础
	江生忠、朱文冲	提高农民收入保障水平对实现农业高质量发展具有重要影响

2.5 文献述评

中国作为农业大国，近年来农业生产集聚水平不断提高，这是未来农业现代化发展的必然趋势。以农业生产集聚为核心的相关研究主要探讨了生产集聚的演变趋势、影响因素及其对生产效率和经济增长率的影响，为本书提供了理论基础。本书以农业高质量发展为核心，从测算方法、评价体系和影响因素等多方面进行了深入探讨。

已有文献关于生产集聚的研究，主要集中在以研究种植业生产集聚发展趋势和作物间集聚差异为核心的阶段，也有极少部分的研究探讨生产集聚对农业高质量发展等方面的影响。研究方法多数是以当前的某一点进行分析，无法全面地衡量农业高质量发展的水平。多数文献忽视了生产集聚对农业高质量的影响，也忽视了新发展理念下资源禀赋优势的变动对农业高质量发展的影响。

同时，随着农业现代化的不断发展，现有文献对农业高质量发展的研究较为丰富，对于提高农业生产效率的文献多从要素投入、技术进步、规模化经营以及政府补贴等方面进行研究。然而，对于怎样具体地推进农业规模化经营和提高技术效率及促进技术进步，推进农业规模化经营和提高技术效率及促进技术进步是否对促进农业高质量发展有效，现有研究并没有进行详细、具体的探索。因此，本书尝试建立一个统一的分析框架，利用 2011—2020 年省级层面面板数据，采用计量模型和空间计量模型等研究方法，在新发展理念下深入分析资源禀赋、生产集聚与农业高质量发展之间的影响机制，并建立相应的实证模型进行验证，以期在一定程度上能够丰富和完善该领域的研究。

2.6 本章小结

本章主要对集聚、产业集聚、农业生产集聚、农业资源禀赋、农业高质量发展等相关概念进行界定，并进一步剖析国内外已有文献，通过分析当前农业发展状况，从农业生产集聚和农业高质量发展两个方面进行综述评价，总结当前文献各相关研究结论和观点，指出现有文献的不足。

3 资源禀赋、生产集聚演变趋势与特征事实

3.1 引　　言

资源禀赋和生产集聚的演变趋势是影响农业高质量发展的重要因素。因此,本书将运用 2001—2020 年各省级行政单位宏观数据对资源禀赋和生产集聚进行深入分析,为未来农业生产创造新发展方向,也为政府部门制定和实施相关制度提供参考。

本章共分为 3 部分。第一部分包含 3 方面内容:一是阐明了小型农业机械、大中型农业机械和农业机械总动力及拥有量,概括了目前我国农业机械的发展态势;二是从耕地数量和耕地结构两个维度来分析耕地资源的发展变化;三是从劳动力总人数和劳动力性别、年龄结构两个方面来阐述我国农村劳动力转移趋势和特征。第二部分包含 3 方面内容:一是利用空间基尼系数测算区域粮食作物的生产集聚水平;二是利用区位熵指数测算粮食作物的专业化水平;三是采用空间自相关的方法分析粮食作物内部各作物的时空关联性。第三部分是对本章的总结。

3.2 我国资源禀赋现状与发展演变趋势

3.2.1 农业机械发展演变历程

随着现代化进程的不断加快,实现农业机械化是现代化国家发展的必然趋势。本节将从数量和结构两个维度对我国农业机械发展历程进行分析。在数量方面,分别对不同时间和不同地区的农业机械数量进行分析;在结构方面,分别对小型农业机械、大中型农业机械及其配套农机具的数量变

化进行深入的分析。

(1) 农业机械数量发展历程

从整体上看,1978 年至今,随着我国加大对农业现代化发展的政策支持力度和对农机资金的不断投入力度,我国农业机械发展一直呈迅猛增长态势。1980 年以来,我国不断加大农机补贴和减税等政策支持力度。截至 2019 年年末,我国共有规模以上享受补贴的农机企业 2 711 家。此外,随着我国农村工业化和城镇化发展,我国农业生产方式和农业劳动力结构发生了改变,因此,农业机械有了更好的发展前景。

1978 年改革开放以来,我国农业机械总动力一直处于快速增长阶段。1999—2019 年我国农业机械总动力及小型、大中型农业机械总动力变化趋势如图 3-1 所示。从微观角度来看,根据《2020 年全国农业机械化发展统计公报》可知,截至 2020 年年末,我国农业机械总动力达 10.56 亿千瓦,较 1978 年年末的 1.2 亿千瓦增长了 7.8 倍。2020 年年末我国共有拖拉机 2 201.88 万台、水稻插秧机 95.33 万台、免耕播种机 106.86 万台、精量播种机 413.43 万台、稻麦联合收割机 160.66 万台、玉米联合收割机 160.66 万台、大豆收割机2.24 万台。从宏观角度来说,我国农业机械发展基本分为以下 5 个阶段:

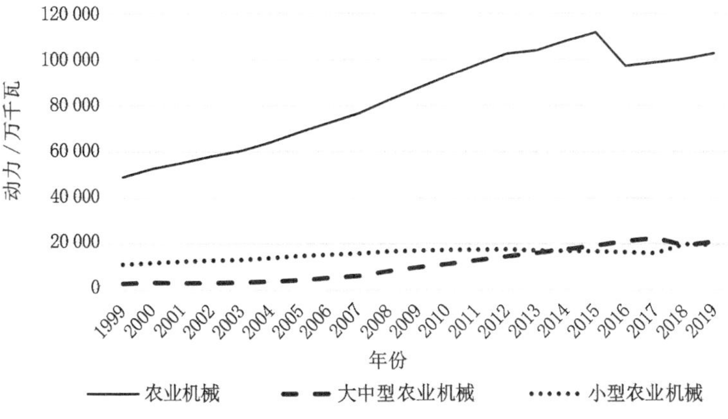

图 3-1 1999—2019 年我国农业机械总动力及小型、大中型农业机械总动力变化趋势

(数据来源:《中国统计年鉴》)

① 1978—1990 年是我国全面实现农业机械化目标的初级阶段。在此

期间，我国正处在由计划经济向市场经济转变阶段，国家不断加大农机推广、农机维修等方面的资金投入，不断加大相关政策的支持力度，建立了比较完善的保障体系。同时，出现了农民自主购买和经营农机等现象。据相关统计数据可知，1978—1990 年我国农业机械总动力呈迅猛增长态势，1990 年年末的农业机械总动力比 1978 年年末增加了 16 957.80 万千瓦。其中，1990 年年末的小型农业机械总动力较 1978 年年末增加 5 060.18 万千瓦，增长了 81.20%；1990 年年末的大中型农业机械总动力较 1978 年年末增加 990.47 万千瓦，增长了 14.45%。由此可以看出，1978—1990 年我国大中型农业机械总动力的增长速度小于小型农业机械总动力的增长速度。

② 1991—2003 年农业机械跨地区作业掀起了新的浪潮。在劳动力价格日益增长的社会背景下，农业劳动力出现了地域性、季节性和周期性等差异，对于农业机械的进一步发展起着推进作用。在此阶段，农机出现了跨区作业现象。从相关数据来看，2003 年年末的农业机械总动力较 1991 年年末增加 30 997.94 万千瓦，增长了 105%；2003 年年末的小型农业机械总动力较 1991 年年末增加 547.43 万千瓦，增长了 20%。由此可以看出，此阶段小型农业机械总动力仍然呈快速增长趋势。

③ 2004—2012 年为农机高速发展阶段。2004 年，国家正式实施农机购置补贴政策，农机购置补贴金额大幅度增长，对农业机械的高速发展起了较强的驱动作用。在此期间，我国的农业机械总动力、小型农业机械总动力和大中型农业机械总动力均呈现增长趋势。其中，小型农业机械总动力由 2004 年年末的 13 855.41 万千瓦增长到 2012 年年末的 17 467.36 万千瓦，增长了 26.07%；大中型农业机械总动力由 2004 年年末的 3 713.09 万千瓦增长到 2012 年年末的 14 436.39 万千瓦，增长了 288.80%，增长幅度很大。由此可知，大中型农业机械总动力在此阶段呈快速增长趋势。

④ 2013—2015 年为农业规模化、现代化发展阶段。在土地集聚化的大背景下，大量家庭农场、种植大户和农业企业等新型主体涌现出来并逐渐取代小农生产，这对于农业规模化和现代化发展起着关键作用。由图 3-1 可知，此阶段小型农业机械总动力呈下降趋势，而农业机械总动力和大中型农业机械总动力依旧呈上升趋势。其中，小型农业机械总动力从 2013 年年末的 17 065.67 万千瓦下降到 2015 年年末的 16 668.48 万千瓦，下降了 2.33%；大中型农业机

械总动力从2013年年末的15 957.58万千瓦增长到2015年年末的19 202.22万千瓦，增长了2.03%。由此可以看出，此阶段大中型农业机械总动力呈增长态势，这是农业现代化发展等客观因素所带来的积极作用；小型农业机械总动力呈现下降趋势，这是在农业规模化经营中采用小型农业机械会加大生产成本和降低工作效率所导致的。

⑤ 2016年至今为实现农机服务机制创新和农业机械转型阶段。国家对乡村振兴战略的发布对不同农作物的机械化发展起到了推动作用，促进了全产业链的协同发展。由图3-1可知，由于农机发展政策的调整，从2015年到2016年，我国农业机械总动力略微下降，但2017—2019年我国农业机械总动力又开始缓慢上升。2018年年末的农业机械总动力比2017年年末增长1.61%，2019年年末的农业机械总动力比2018年年末增长2.38%。大中型农业机械总动力则从2017年年末的22 398.94万千瓦下降到2019年年末的20 871.33万千瓦，下降了6.82%。从2017年到2018年，大中型农业机械总动力出现了下降，但在2019年年末又缓慢上升了1 579.00万千瓦。2019年年末的小型农业机械总动力相对于2018年年末的小型农业机械总动力下降了221.00万千瓦。从整体来看，小型农业机械总动力从2017年年末的15 919.79万千瓦大幅度增长到2019年年末的19 599.88万千瓦，增长了23.12%。由此可以看出，此阶段小型农业机械总动力的大幅度增长拉动了农业机械总动力的增长，这也是我国实现农机服务机制创新发展和农业机械转型的必然趋势。

表3-1描述了我国不同年份农业机械拥有量情况。由表可知，2016—2020年我国水稻插秧机、免耕播种机、精量播种机、稻麦联合收割机、玉米联合收割机和大豆收割机的拥有量基本上一直在增长。到了2020年年末，水稻插秧机、免耕播种机、精量播种机、稻麦联合收割机、玉米联合收割机和大豆收割机的拥有量分别为95.33万台、106.86万台、413.43万台、160.66万台、58.85万台和2.24万台，较2016年年末分别增长23.64%、10.46%、2.43%、12.48%、24.18%和12%。由此可见，2016—2020年我国农业机械拥有量大致呈增长趋势，农业机械化程度不断提高。

表 3-1 不同年份全国农业机械拥有量 单位:万台

名称	2016 年	2017 年	2018 年	2019 年	2020 年
水稻插秧机	77.10	82.23	85.65	90.66	95.33
免耕播种机	96.74	96.52	100.28	103.41	106.86
精量播种机	403.61	404.10	406.24	409.85	413.43
稻麦联合收割机	142.83	148.49	152.90	157.01	160.66
玉米联合收割机	47.39	50.03	53.01	55.83	58.85
大豆收割机	2.00	1.99	2.15	2.18	2.24

数据来源:《中国农业机械工业年鉴》。

我国各地区不同年份农业机械总动力及大中型农业机械总动力占比情况见表 3-2。从该表可以看出,我国不同地区的农业机械现代化发展水平不同。分区域来看,我国各个地区的农业机械总动力和大中型农业机械总动力的占比差距较大。从不同区域的农业机械总动力来看,北京、天津和河北的农业机械总动力一直呈负增长趋势,西藏、黑龙江、贵州、吉林和新疆的农业机械总动力一直呈迅猛增长趋势,这 5 个区域 2019 年年末较 1999 年年末农业机械总动力分别增长了 2.12 倍、3.08 倍、3.47 倍、3.07 倍、2.43 倍。从各区域大中型农业机械总动力的占比来看,2019 年年末黑龙江、西藏、吉林和内蒙古的大中型农业机械总动力占比达 30%以上,较 1999 年年末大中型农业机械总动力占比分别增长了 0.99 倍、4.97 倍、1.96 倍、2.52 倍。

表 3-2 我国各地区不同年份农业机械总动力及大中型农业机械总动力占比情况

地区	农业机械总动力/万千瓦			大中型农业机械总动力占比/%		
	1999 年	2009 年	2019 年	1999 年	2009 年	2019 年
北京	410.36	271.54	122.80	13.45	12.40	16.74
天津	481.54	595.00	359.80	8.69	8.91	20.97
河北	6 622.75	9 861.12	7 830.70	3.15	6.33	18.42
山西	1655.00	2 655.04	1 517.60	5.07	8.43	32.60
内蒙古	1 241.48	2 891.64	3 866.40	10.79	33.79	37.99
辽宁	1 236.49	2 142.93	2 353.90	10.53	16.55	33.85
吉林	897.29	2 001.13	3 653.70	12.39	26.41	36.68
黑龙江	1 559.70	3 401.27	6 359.10	20.95	41.63	41.74

表 3-2(续)

地区	农业机械总动力/万千瓦			大中型农业机械总动力占比/%		
	1999 年	2009 年	2019 年	1999 年	2009 年	2019 年
上海	151.12	99.23	98.00	21.51	21.93	41.52
江苏	2 767.89	3 810.57	5 112.00	5.81	8.41	20.74
浙江	1 912.53	2 384.03	1 908.00	0.93	1.11	3.86
安徽	2 766.17	5 108.85	6 650.50	1.62	7.51	21.02
福建	838.71	1 175.01	1 237.70	1.05	0.79	1.90
江西	853.02	3 358.93	2 470.70	2.59	1.04	8.82
山东	6 096.58	11 080.66	10 679.80	6.88	11.88	22.80
河南	5 342.88	9 817.84	10 357.00	3.81	8.32	21.04
湖北	1 363.7	3 057.24	4 515.70	10.82	11.72	17.51
湖南	2 006.97	4 352.39	6 471.80	1.34	5.10	6.99
广东	1 734.87	2 190.18	2 455.80	1.22	2.89	4.72
广西	1 375.19	2 550.93	3 840.00	2.89	3.24	7.29
海南	191.65	396.07	581.20	4.95	14.46	10.57
重庆	558.54	967.41	1 464.70	0.20	1.00	0.76
四川	1 606.90	2 952.66	4 682.30	2.34	6.07	5.50
贵州	555.37	1 606.42	2 484.60	5.61	3.67	2.43
云南	1 255.06	2 159.40	2 714.40	3.97	20.67	9.96
西藏	99.62	358.44	559.00	7.68	11.27	45.87
陕西	1 010.77	1 832.98	2 331.50	7.17	12.20	19.49
甘肃	969.89	1 822.65	2 174.00	5.25	7.61	18.37
青海	241.94	388.68	484.20	4.55	5.23	10.00
宁夏	377.93	702.55	632.20	3.96	7.99	28.44
新疆	814.21	1 503.31	2 789.00	30.73	44.92	44.04

数据来源:《中国统计年鉴》。

(2) 农业机械结构发展历程

1978—2019 年我国农业机械结构变动情况如图 3-2 所示。由该图可知,从小型农业机械及其配套农机具数量来看,改革开放至今,小型农业机械及其配套农机具数量呈先上升后下降再上升趋势。从 1978 年到 2010 年,小型农业机械及其配套农机具数量一直呈良好的增长态势,分别增长了

13.22倍和21.12倍;从2010年到2015年,小型农业机械及其配套农机具数量一直呈下降趋势;从2015年到2019年,小型农业机械及其配套农机具数量一直呈增长趋势。从大中型农业机械及其配套农机具数量来看,大中型农业机械及其配套农机具数量呈先上升后下降再上升又下降的震荡趋势。从1978年到1985年,大中型农业机械及其配套农机具数量呈缓慢上升趋势;从1990年到2015年,大中型农业机械及其配套农机具数量呈迅猛增长趋势,分别增长了7.49倍和9.92倍;从2015年到2019年,大中型农业机械及其配套农机具数量呈缓慢下降趋势,这可能是推进农业生产标准化、现代化等导致的。

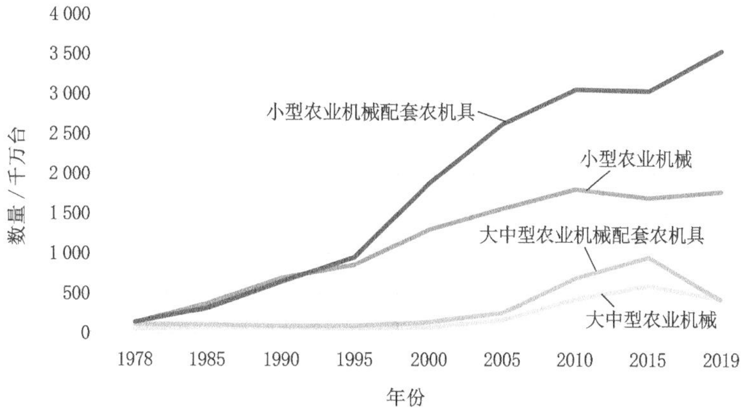

图3-2 1978—2019年我国农业机械结构变动情况

(数据来源:《中国农业机械工业年鉴》和《中国统计年鉴》)

2009—2019年我国农业机械结构变动情况如图3-3所示。由图3-3可见,2009—2019年我国农业机械结构变动情况是小型农业机械及其配套农机具数量呈先上升后下降再上升又下降的变化趋势,大中型农业机械及其配套农机具数量大致呈先上升后下降趋势。其中,小型农业机械数量从2009年年末的1 751万台增长到2011年年末的1 811万台,增长了3.43%;与2011年年末相比,2017年年末小型农业机械数量减少到1 634万台,减少了9.77%;2018年年末小型农业机械数量较2017年年末上升了184万台,2019年年末又出现了下降趋势。2009—2017年大中型农业机械及其配套农机具数量呈增长趋势,分别增长了0.97倍和0.90倍;与2017年年末相比，2018 年年末、2019 年年末大中型农业机械及其配套农机具数量呈现负增长趋势，这可能是因为我国土地流转等政策促进了农村合作社和农场的快速发展，对我国农机市场结构产生了较大影响，使得大中型农业机械及其配套农机具替代小型农业机械及其配套农机具成为市场销售主流。

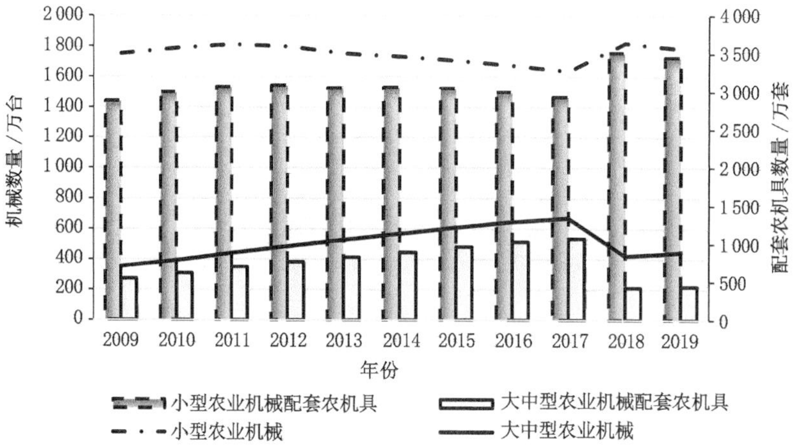

图 3-3　2009—2019 年全国农业机械结构变动情况

（数据来源：《中国农业机械工业年鉴》）

3.2.2　耕地资源变化情况

耕地是农业生产发展的重要物质基础，是农作物生长的前提条件，是我们日常生活中不可或缺的资源。本节将从耕地数量和耕地质量两个方面对耕地资源的变动情况进行深入分析。在耕地数量方面，主要从耕地面积和农村居民家庭经营耕地面积两个维度来分析。在耕地质量方面，主要通过收集整理得来的数据对我国耕地质量各等级面积及比例进行分析。

（1）耕地数量变动特征

从宏观角度来看，自第一次全国农业普查到 2010 年，我国的耕地面积大致呈正增长态势。第三次全国国土调查数据显示，截至 2019 年年末，我国耕地面积达 191 792.79 万亩，其中 2010—2019 年我国耕地面积一直呈负增长趋势，这是我国农业生产现代化发展的必然趋势。

1978—2012 年我国耕地面积及农村居民家庭经营耕地面积变动情况如

图 3-4 所示。由该图可知，1978—2012 年我国农村居民家庭经营耕地面积大致呈增长趋势。从宏观角度来看，2012 年年末我国农村居民家庭经营耕地面积达 2.34 亩/人，较改革开放初期(1978 年年末)增长了 13.63 倍。从微观角度来看，我国农村居民家庭经营耕地面积从 1978 年年末的 0.16 亩/人迅速增长到 1985 年年末的 2.07 亩/人，增长了 11.94 倍；从 1985 年到 2012 年，我国农村居民家庭经营耕地面积虽有波动但大致呈缓慢上升趋势，这可能是农村劳动力外流、城镇化建设加快等所致。

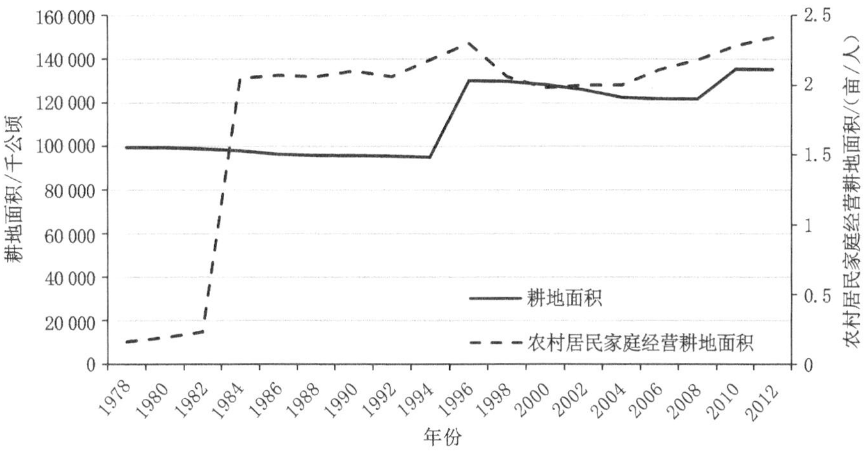

图 3-4　1978—2012 年我国耕地面积及农村居民家庭经营耕地面积变动情况

(数据来源:《中国统计年鉴》)

(2) 耕地质量变动特征

从宏观角度来看，2019 年，中华人民共和国农业农村部评定的耕地面积为 20.23 亿亩，全国耕地质量平均等级为 4.76 等，处于中等水平。2014 年和 2019 年全国耕地质量各等级面积及其比例见表 3-3。由该表可知，2019 年一至三等的耕地面积为 6.32 亿亩，较 2014 年增长 1.34 亿亩；四至六等的耕地面积为 9.47 亿亩，较 2014 年增长 1.29 亿亩；七至十等的耕地面积为 4.44 亿亩，较 2014 年减少 0.66 亿亩，三者分别占耕地总面积的 31.24%、46.81%和 21.95%。

表 3-3 2014 年和 2019 年全国耕地质量各等级面积及其比例

耕地质量等级	2014 年		2019 年	
	面积/亿亩	比例/%	面积/亿亩	比例/%
一等地	0.92	5.1	1.38	6.82
二等地	1.43	7.8	2.01	9.94
三等地	2.63	14.4	2.93	14.48
四等地	3.04	16.7	3.50	17.30
五等地	2.89	15.8	3.41	16.68
六等地	2.25	12.3	2.56	12.65
七等地	1.89	10.3	1.82	9.00
八等地	1.39	7.6	1.31	6.48
九等地	1.06	5.8	0.70	3.46
十等地	0.76	4.2	0.61	3.01

数据来源:《2014 年全国耕地质量等级情况公报》和《2019 年全国耕地质量等级情况公报》。

3.2.3 农村劳动力转移趋势和特征

近年来,随着社会不断发展,农村劳动力转移趋势不断增强。本节将从整体和结构两个角度来分析我国农村劳动力的转移趋势。从整体上来看,主要通过比较不同地区劳动力转移人数来多角度分析农村劳动力转移的整体趋势[52]。从结构上来看,主要通过乡村从业人数、乡村男女的从业数量、乡村女性从业数量与乡村从业人数的比例等数据来分析农村劳动力转移的结构情况。

(1) 农村劳动力总体转移特征

1978 年以来,我国经济、科技等全面快速发展,乡村劳动力外流的现象也逐渐突出。1978—2012 年全国乡村劳动力转移数量及非农就业比例见表 3-4。由表 3-4 可知,2012 年年末我国非农劳动力数量、乡村劳动力非农就业比例分别为 26 826 万人和 49.8%,分别较 1978 年年末增加 24 644 万人和提高 42.7%。从整体上看,我国农村劳动力转移大体可以划分为以下 5 个阶段:

表 3-4 1978—2012 年全国乡村劳动力转移数量及非农就业比例

年份	乡村劳动力数量/万人	农业劳动力数量/万人	非农劳动力数量/万人	乡村劳动力非农就业比例/%
1978	30 638	28 456	2 182	7.1
1983	34 690	31 645	3 045	8.8
1984	35 968	31 685	4 283	11.9
1990	42 010	33 336	8 673	20.6
1991	43 093	34 186	8 906	20.7
1992	43 802	34 037	9 765	22.3
1997	46 234	32 678	13 556	29.3
1998	46 432	32 626	13 806	29.7
1999	46 896	32 912	13 985	29.8
2000	47 962	32 798	15 165	31.6
2001	48 229	32 451	15 778	32.7
2002	48 527	31 991	16 536	34.1
2003	48 971	31 260	17 711	36.2
2004	49 695	30 596	19 099	38.4
2005	50 387	29 976	20 412	40.5
2006	50 977	29 418	21 558	42.3
2007	51 436	28 641	22 795	44.3
2008	52 026	28 364	23 662	45.5
2009	52 599	28 065	24 534	46.6
2010	53 244	27 695	25 549	48.0
2011	53 685	27 355	26 330	49.0
2012	53 858	27 032	26 826	49.8

注：① 农业劳动力数量是指乡村农林牧副渔从业人员数量；非农劳动力数量＝乡村劳动力数量－农业劳动力数量；乡村劳动力非农就业比例＝非农劳动力数量÷乡村劳动力数量。

② 数据来源：《中国统计年鉴》。此外，本表数据《中国统计年鉴》目前只更新到 2012 年，因此 2012 年后的数据暂不做分析。

1978—1983 年为农村劳动力离土不离乡阶段。自 1978 年以来，为加快我国经济发展，我国实施了农村联产承包责任制，这对于农村土地制度的改革产生了重大影响。在家庭联产承包责任制的实施期间，农村生产力得到了解放，由此调动了广大劳动人民的积极性，提高了土地资源的使用率，释放了农业富余劳动力。改革开放以来，随着经济社会的飞速发展，国家提出在确保农民利益的同时解决农村劳动力就业问题。从整体来看，1983 年年末非农劳动力数量较 1978 年年末的非农劳动力数量增加 863 万人，增长了 39.6%，乡村劳动力非农就业比例提高了 1.7 个百分点。由此可以看出，我国乡村劳动力非农就业比例得到了缓慢的提升，这是社会发展所带来的正面影响。

1984—1991 年为农村劳动力离土又离乡的萌芽阶段。在这一时期，国家大力倡导发展工业企业。为加快企业发展，国家出台了许多有关劳动力流通的互惠政策。1991 年年末的乡村非农劳动力数量较 1984 年年末的乡村非农劳动力数量增加 4 623 万人，增长了 1.08 倍。这期间乡村劳动力非农就业比例提高了 8.8%。出现这样的情况是因为在此期间，我国不断激励广大民营企业和外企参与城镇化建设，不断吸收乡村劳动力。从微观角度来看，从 1990 年到 1991 年，乡村劳动力非农劳动力数量和非农就业比例一直呈缓慢增长趋势，这是国家对乡村劳动力转移的限制和 1989 年经济增长缓慢所带来的一系列问题所导致的。

1992—2000 年为农村劳动力离土又离乡阶段。在这一时期，国家大力支持、鼓励劳动力流动并出台了有关劳动力流动的支持政策。由表 3-4 可知，2000 年年末全国非农劳动力数量较 1992 年年末增加了 5 400 万人，乡村劳动力非农就业比例提高了 9.3%，出现这样的情况是由于我国城镇化、工业化、科技化的发展对工厂和企业的扩招起了促进作用，从而进一步推动了乡村非农劳动力数量的增长。

2001—2007 年为城乡一体化发展重要时期。在此阶段，国家开始意识到农村劳动力文化水平的高低影响劳动力流动性，因此国家的许多限制政策逐渐发生变化。由表 3-4 可知，2007 年年末的全国农业劳动力数量较 2001 年年末减少 3 810 万人，劳动力非农就业比例 2007 年年末较 2001 年年末提高了 11.6%。这是因为我国城镇化和工业化的发展对农业剩余劳动力的就业转移有促进作用，导致了农业劳动力数量的下降。

2008 年至今为自由发展阶段。2008 年，全球面临金融危机，对非农劳动力产生了有力冲击，致使非农劳动力数量和劳动力非农就业比例提升速度缓慢。从表 3-4 可见，2012 年年末的乡村劳动力非农就业比例较 2008 年年末提高了9.5%，这是政府不断激励农村劳动力向城市转移和加大政策支持的显著成果。随着政府支持力度的加大，我国农业劳动力数量一直呈负增长趋势，而非农劳动力数量一直呈正增长态势，受二者数量变化的影响，劳动力非农就业比例也顺势改变。然而，当今科技发展日新月异，农业现代化和城镇化发展不断加快，推进农村土地流转和土地合作经营及加大政策支持力度等措施促进了新型农村经营主体的发展，使土地规模化经营进程不断加快。

从不同地区的乡村劳动力非农就业比例来看，2012年年末北京、天津、上海、江苏、浙江、湖北、广东的乡村劳动力非农就业比例均达60%以上，其中北京和上海高达83.5%和76.1%，见表3-5。由此可以看出，乡村劳动力非农就业比例较高的地区大都是经济增长较快的地区，这是这些地区劳动力流动速度较快和第三产业较发达所带来的有利结果。

表3-5 不同年份全国各地区乡村非农劳动力数量和劳动力非农就业比例

地区	乡村非农劳动力数量/万人					乡村劳动力非农就业比例/%				
	1978年	1988年	1998年	2008年	2012年	1978年	1988年	1998年	2008年	2012年
西藏	1	5	8	27	36	0.8	5.5	8.4	23.3	28.0
青海	2	16	24	73	88	1.5	12.4	14.9	37.8	43.4
新疆	5	22	33	77	107	2.0	7.7	9.7	17.7	20.4
宁夏	6	17	35	86	94	6.2	12.8	19.1	39.2	43.8
海南	10	26	40	74	87	7.2	14.3	19.1	26.8	29.0
天津	15	85	94	110	124	9.8	49.6	54.1	59.1	63.1
内蒙古	16	62	95	162	189	6.9	11.9	15.6	23.5	25.5
北京	20	108	93	259	285	12.5	57.2	58.0	80.8	83.5
贵州	31	102	294	804	1 012	3.5	8.1	17.5	40.1	47.2
福建	32	218	424	721	809	4.4	22.7	35.3	53.1	56.8
甘肃	32	130	223	374	424	5.9	16.6	24.6	34.0	37.8
江西	36	241	468	818	975	4.0	18.3	30.4	48.0	54.0
吉林	38	82	99	220	248	9.7	14.3	16.1	31.0	33.0
黑龙江	46	72	144	288	321	10.4	14.7	15.9	29.8	32.5
云南	53	141	247	454	568	4.8	9.0	12.9	21.5	26.0
安徽	55	363	725	1421	1 608	3.5	16.7	26.7	47.2	52.3

表 3-5(续)

地区	乡村非农劳动力数量/万人					乡村劳动力非农就业比例/%				
	1978 年	1988 年	1998 年	2008 年	2012 年	1978 年	1988 年	1998 年	2008 年	2012 年
陕西	58	192	308	547	647	6.9	16.9	22.8	37.8	45.1
浙江	64	727	994	1638	1 777	4.4	36.6	47.4	71.1	74.7
上海	66	176	147	164	143	23.9	68.8	65.8	77.5	76.1
广西	74	155	464	771	863	6.1	9.2	22.4	33.5	35.6
山西	74	260	330	437	497	10.7	30.8	34.0	40.7	43.7
辽宁	81	249	300	502	558	11.2	30.0	32.2	43.1	45.8
湖北	114	352	538	1083	1 374	7.7	20.3	30.4	52.1	60.8
湖南	116	358	724	1171	1 340	6.0	14.5	26.0	38.4	41.9
河南	133	576	1 127	2022	2 294	5.6	17.9	27.7	41.6	46.8
广东	162	691	1 125	1789	2 130	8.5	30.7	42.7	53.8	60.8
四川	191	661	1 018	1730	1 880	5.4	14.1	26.6	44.2	47.6
河北	194	582	1 001	1417	1 604	11.2	26.1	38.0	48.9	53.0
江苏	223	1 116	1 204	1761	1 825	9.9	40.8	44.0	66.3	69.6
山东	246	830	1 109	1957	2 139	9.6	25.7	30.8	49.6	52.3

注:① 乡村劳动力数量是指乡村农林牧副渔从业人员数量;乡村非农劳动力数量为乡村总劳动力数量与乡村农业劳动力数量的差;乡村劳动力非农就业比例为乡村非农劳动力数量占农业劳动力人数的比例。

② 由于重庆市的数据缺失严重,本表未收录。

③ 本表数据为作者依据《中国统计年鉴》相关数据整理得来。

(2) 农村农业劳动力结构变化特征

从理论角度来看,社会不断发展对农业生产将带来一定影响。从第三次全国农业普查相关数据来看,2016 年年末农业劳动力数量达 28 171 万人,较 1978 年年末下降 1%,究竟是什么原因导致农业劳动力数量下降?下面将从农业劳动力的性别和年龄两个方面进一步探讨影响农业生产的原因。

① 按性别标志区分的农业劳动力结构变动状况。从表 3-6 来看,1978—2012 年我国乡村劳动力结构男性化和女性化程度相差不大。从整体来看,我国乡村劳动力结构女性化程度相对比较稳定,一直保持在 46.5%左右。第三次全国农业普查相关数据显示,2016 年年末,全国从事与农业方面生产经营相关的男性和女性人数分别有 16 495 万人和 14 927 万人,则总人数达 31 422 万人。其中,男性、女性从事农业方面生产经营的人数分别占总

人数的52.5%和47.5%。从各个地区(地区的划分见下文)来看,与东部、中部和西部3个地区相比,东北地区男性从事农业生产的人数占比较大,达54.3%。与东部、中部和东北地区相比,西部地区女性从事农业生产的人数占比较大,达47.9%。由此可以看出,我国从事农业生产的人员中男女比例相差不大,并未表现出"农业女性化"现象。

表3-6 1978—2012年我国乡村劳动力从业结构情况

年份	男性从业人数/万人	女性从业人数/万人	乡村从业总人数/万人	女性从业人数占比/%
1978	16 548.4	14 089.6	30 638.0	46.0
1983	18 946.5	15 743.3	34 689.8	45.4
1988	21 727.7	18 339.0	40 066.7	45.8
1993	23 653.2	20 602.6	44 255.8	46.6
1998	24 733.1	21 699.2	46 432.3	46.7
2003	26 121.0	22 850.0	48 971.0	46.7
2004	26 525.8	23 169.5	49 695.3	46.6
2005	26 930.6	23 456.7	50 387.3	46.6
2006	27 293.0	23 683.8	50 976.8	46.5
2007	27 508.1	23 927.7	51 435.7	46.5
2008	27 834.9	24 190.8	52 025.7	46.5
2009	28 186.3	24 413.0	52 599.3	46.4
2010	28 573.6	24 670.4	53 243.9	46.3
2011	28 752.1	24 933.4	53 685.4	46.4
2012	28 847.0	25 009.9	53 856.9	46.4

数据来源:《中国统计年鉴》。

② 按年龄标志区分的农业劳动力结构变动状况。第三次全国农业普查数据显示,2016年年末35岁以下、36岁到54岁之间和55岁以上的从事农业方面生产经营的人数分别为31 422万人、14 848万人和10 551万人,则总人数达56 821万人。其中3个年龄阶段从事农业方面生产经营的人数分别占总人数的55.3%、26.1%和18.6%。从农业劳动力性别角度来看,我国男性和女性农业劳动力人数分别占农业劳动力总人数的52.5%和47.5%。

其中东部地区(包括北京、天津、河北、上海、江苏、浙江、福建、山东、广东和海南)、中部地区(包括山西、安徽、江西、河南、湖北和湖南)、西部地区(包括内蒙古、广西、重庆、四川、贵州、云南、西藏、陕西、甘肃、青海、宁夏和新疆)和东北地区(包括辽宁、吉林和黑龙江)的男性劳动力人数占比分别为52.4%、52.6%、52.1%和54.3%;东部、中部、西部和东北地区的女性劳动力人数占比分别为47.6%、47.4%、47.9%和45.7%,见表3-7。

表3-7　2016年年末农业劳动力性别结构情况

		全国	东部地区	中部地区	西部地区	东北地区
劳动力数量占比	男性/%	52.5	52.4	52.6	52.1	54.3
	女性/%	47.5	47.6	47.4	47.9	45.7

注:本表数据为作者根据第三次全国农业普查数据整理得来。

表3-8列举了2016年年末全国及各个地区的农业劳动力年龄构成情况。由该表可知,2016年年末西部地区35岁以下的劳动力人数占比最大,达21.9%;与东部、中部和西部地区相比,东北地区36岁至54岁之间的劳动力人数占比最大,达49.8%;与中部、西部和东北地区相比,东部地区55岁以上劳动力人数占比最大,达37.9%。由此可以看出,2016年年末我国农业劳动力的年龄主要集中在36岁至54岁之间和55岁以上,这表明我国农业劳动力老龄化问题严重,其中东部地区农业劳动力老龄化问题最为突出。

表3-8　2016年年末全国及各个地区的农业劳动力年龄构成情况

	35岁以下农业劳动力数量占比/%	36～54岁农业劳动力数量占比/%	55岁以上农业劳动力数量占比/%
全国	19.2	47.3	33.6
东部地区	17.6	44.5	37.9
中部地区	18.0	47.7	34.4
西部地区	21.9	48.6	29.5
东北地区	17.6	49.8	32.6

注:① 全国35岁以下农业劳动力数量占比为全国35岁以下农业劳动力数量与全国农业劳动力数量之比,其他数据类同。

② 本表数据为作者根据第三次全国农业普查数据整理得来。

3.3 我国生产集聚现状与发展演变趋势

3.3.1 研究方法

在农业生产集聚方面，为了加深对粮食作物生产集聚水平的了解，本书将从生产集聚水平、特征以及发展演变过程3个角度来进行探讨，选择运用空间基尼系数进行分析作为研究的主要方法。但考虑到相对应信息的可获取性和指标的适用性等客观原因，书中选择的空间基尼系数、地区平均集聚率、区位熵指数和全局莫兰指数分别用来考量1996—2015年全国粮食作物生产集聚水平、地区平均集聚水平、专业化水平和内部各作物的空间自相关性。

(1) 空间基尼系数

本书选择空间基尼系数从整体上来度量各种农作物的生产集聚水平，选用此种方法的原因是客观因素导致数据受限。空间基尼系数 G_j 的具体计算公式是：

$$G_j = \frac{1}{2m^2\mu}\sum_{k=1}^{m}\sum_{h=1}^{m}|x_k^j - x_h^j| \tag{3-1}$$

式中，$j=0,1,2,3$，分别代指粮食作物、谷类作物、豆类作物和薯类作物；m 表示共列举了多少个地区；k 和 h 表示不同的地区；μ 表示粮食作物、谷类作物、豆类作物和薯类作物在各个地区所占的平均份额；x_k^j、x_h^j 分别表示 k 区域和 h 区域的某种作物（包括粮食作物、谷类作物、豆类作物和薯类作物）的产量占该种作物全国总产量的比值。作物的空间基尼系数数值在0至1之间，空间基尼系数越接近0，表示作物的分布呈离散型；反之空间基尼系数越接近1，表示作物的分布越集中。

(2) 地区平均集聚率(V_i)

地区平均集聚率表示该地区的作物整体集中水平。本书此指标用于考察地区农作物的平均集聚特征。其计算公式为：

$$V_i = \frac{\sum_{k=1}^{m} r_i^k}{m} \tag{3-2}$$

式中，i 表示地区（省、自治区或直辖市）；V_i 表示农作物在该地区的平均集聚率；r 表示 i 地区的 k 农作物的播种面积与各个地区 k 农作物总播种面积的比值；m 表示 i 地区当年所种植的农作物的品种数；V_i 的结果在 0 到 1 之间，结果越小表明 i 地区的农作物平均份额越低，则该地区的农作物集聚水平不高。

(3) 区位熵指数

区位熵指数表示基于考察各区域因素的分布情况来表示的聚合程度和系统化程度。用 F_i 表示 i 地区的粮食作物区位熵指数，计算公式如下：

$$F_i = \frac{E_i / E}{A_i / A} \tag{3-3}$$

式中，E_i 为 i 地区粮食作物播种面积；E 为同期 i 地区农作物播种面积；A_i 为全国粮食作物播种面积；A 为同期全国农作物播种面积。当 F_i 为 1 时，则说明 i 地区粮食作物集聚水平与全国平均水平持平；当 F_i 小于 1 或大于 1 时，则分别说明 i 地区粮食作物集聚水平小于或高于全国平均水平。

(4) 空间自相关性分析

刘湘南等认为变量存在空间自相关性，变量的空间自相关性一般表现为呈一定周期性而不呈随机性。一般情况下，主要通过变量在区域间的空间差异和区域间的联系等要素来分析空间自相关性。

空间自相关性包括全局空间自相关性和局部空间自相关性。全局莫兰指数用来考察农业生产是否存在空间上的自相关性，对分析空间布局起着有利作用。全局莫兰指数的计算公式为：

$$I = \frac{n \sum_{i=1}^{n} \sum_{j=1}^{n} W_{ij} (X_i - \overline{X})(X_j - \overline{X})}{\sum_{i=1}^{n} \sum_{j=1}^{n} W_{ij} \sum_{i=1}^{n} (X_i - \overline{X})^2} \tag{3-4}$$

式中，X_i、X_j 表示随机变量 X 在 i 地区和 j 地区的属性值；$\overline{X}$ 为 n 个省级单位样本属性值的平均值；n 表示省级单位的数量；W_{ij} 为地理单元相互之间邻接关系的权重矩阵，当 i 地区和 j 地区毗邻时，$W_{ij}=1$；当 i 地区和 j 地区不毗邻时，$W_{ij}=0$。当 $I>0$ 时，说明在毗邻或接近地区的种植生产具有空间上的关联性，即具有生产集聚现象；当 $I<0$ 时，说明在毗邻或接近地区的种植生产不具有空间上的关联性。

此外，我们还需要通过局部自相关性分析整个大区域，这是因为全局空间自相关性忽视了空间过程中的不确定性。局部莫兰指数的计算公式为：

$$I_i = \frac{(X_i - \overline{X})}{S^2} \sum_j W_{ij} (X_j - \overline{X}) \tag{3-5}$$

式中，S 表示各地区农业产值的标准差，剩余参数的意义与式(3-4)相同。

3.3.2　我国粮食作物生产集聚水平演变趋势

1996—2015 年我国各省(自治区、直辖市)粮食作物的生产集聚水平通过计算空间基尼系数得来，如图 3-5 所示。由该图可知，2015 年我国粮食作物空间基尼系数较 1996 年上涨 0.054 9，由此可以看出粮食作物的生产集聚水平整体上呈上升趋势。1996—2015 年，我国粮食作物生产集聚水平的变化可以划分以下 4 个阶段：

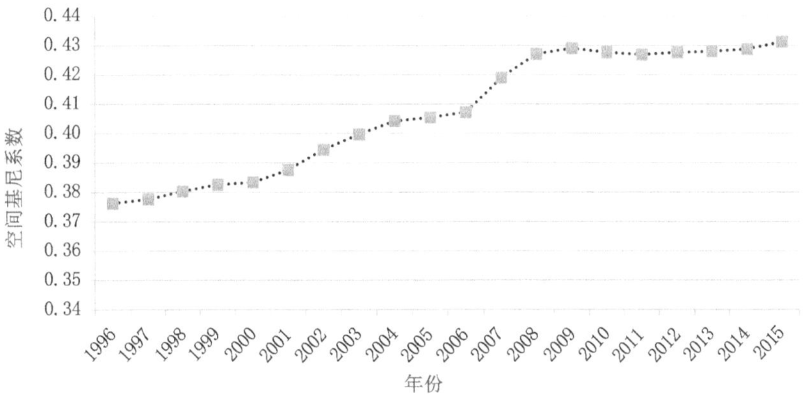

图 3-5　1996—2015 年我国粮食作物生产集聚水平演变趋势

(数据来源：《中国统计年鉴》)

1996—2006 年为我国粮食作物生产集聚水平缓慢上升阶段。在此期间，国家逐渐重视农作物产量和农村发展，首次提出“九五”农业可持续发展战略，从而促进粮食生产能力进一步提高。1996—2015 年我国粮食作物及其内部各作物的生产集聚水平变动趋势见表 3-9。从表 3-9 可见，2006 年的粮食作物生产集聚水平较 1996 年提高 0.030 9，提高了 8.21%，这是国家对粮食生产政策支持的结果。在国家宏观政策的推动下，农民种粮积极性不断提高，粮食作物种植率不断提升。同时，随着城镇化水平的提高，农业劳动力逐渐向城镇转移，我国农业生产逐步“以粮为主”，粮食作物生产集聚水平不断提高。

表 3-9　1996—2015 年我国粮食作物及其内部各作物生产集聚水平变动趋势

年份	空间基尼系数			
	谷类作物	薯类作物	豆类作物	粮食作物
1996	0.387 1	0.497 9	0.458 5	0.376 2
1997	0.385 8	0.502 2	0.547 7	0.377 6
1998	0.387 6	0.489 1	0.465 9	0.380 2
1999	0.399 8	0.477 6	0.488 7	0.382 6
2000	0.392 0	0.474 9	0.481 9	0.383 3
2001	0.402 8	0.495 8	0.502 6	0.387 6
2002	0.410 5	0.488 2	0.535 2	0.394 4
2003	0.401 3	0.487 6	0.529 0	0.399 7
2004	0.416 6	0.476 3	0.549 1	0.404 1
2005	0.425 9	0.449 6	0.553 2	0.405 4
2006	0.452 5	0.427 3	0.601 2	0.407 1
2007	0.449 0	0.406 1	0.548 5	0.419 0
2008	0.454 2	0.394 3	0.594 0	0.427 0
2009	0.450 3	0.399 6	0.590 1	0.429 0
2010	0.456 8	0.382 0	0.584 0	0.427 6
2011	0.466 0	0.380 4	0.584 4	0.426 9
2012	0.463 9	0.369 5	0.572 7	0.427 6
2013	0.469 7	0.369 2	0.567 0	0.428 0
2014	0.472 6	0.365 0	0.572 4	0.428 7
2015	0.475 5	0.369 9	0.576 4	0.431 2
20 年变动幅度	0.088 4	−0.128 0	0.117 9	0.055 0

数据来源:《中国统计年鉴》。

2006—2009 年为我国粮食作物生产集聚水平快速上升阶段。在此期间,为激励农民规模化经营,我国发布了土地流转相关政策,允许农村集体建设用地入市。从表 3-9 可见,2009 年的粮食作物生产集聚水平较 2006 年提高 0.021 9,提高了 5.38%。从整体来看,2006—2009 年我国粮食作物生产集聚水平一直呈迅猛增长趋势,出现这样的情况主要是农村城镇化水平提高、农业劳动力价格上涨、农业劳动力流动性增强以及国家不断加大土地流转支持力度所导致。

2009—2011年为我国粮食作物生产集聚水平小幅度下降阶段。2011年的粮食作物生产集聚水平较2009年下降0.002 1，下降了0.49%，这是因为经济快速发展和人民消费水平日益增长给农业布局带来了冲击，我国各类作物生产集聚状况逐渐由粮食作物向经济作物转移。此外，大量蔬菜基地的出现与扩建也对我国粮食作物生产集聚产生了负面影响。

2011—2015年为我国粮食作物生产集聚水平稳定上升阶段。从整体来看，此阶段我国粮食作物生产集聚水平呈良好的增长趋势，其中2015年的粮食作物生产集聚水平较2011年提高0.004 3，提高了1.01%，这是因为在农业城镇化和现代化快速发展的背景之下，国家出台了粮食作物规模化经营相关政策，促进了大量农产品合作社和家庭农场等新型经营主体的发展。同时，国家出台财政补贴政策，降低了粮食生产成本，提高了劳动者种粮积极性，促进了粮食作物生产集聚水平的提高。

从各类作物生产集聚水平变动态势来看，使用空间基尼系数的计算方法可以测算1996—2015年20年间我国各省（直辖市、自治区）谷类、薯类和豆类作物生产集聚水平发展趋势。从宏观来看，1996—2015年谷类、薯类和豆类作物的生产集聚水平差异显著。从微观来看，这20年谷类作物和豆类作物的生产集聚水平一直呈正增长态势，而薯类作物的生产集聚水平呈负增长态势。下面将对谷类、豆类和薯类作物的生产集聚水平变动趋势逐一进行分析。

从表3-9可以看出，2015年谷类、豆类和薯类作物的空间基尼系数分别为0.475 5、0.576 4和0.369 9，说明各类作物生产集聚水平有着明显差异。其中，豆类作物的空间基尼系数最高，薯类作物的空间基尼系数最低。分种类而言，谷类、豆类和薯类作物的生产集聚水平呈现以下变动趋势：

(1) 谷类作物生产集聚水平大致呈正增长趋势。谷类作物主要包括大米和小麦。2015年的谷类作物生产集聚水平较1996年提高0.088 4，提高23%。

(2) 豆类作物生产集聚水平呈先上升后下降的趋势。2006年的豆类作物生产集聚水平较1996年提高0.142 7，2015年的豆类作物生产集聚水平较2006年下降0.024 8。从整体来看，2015年豆类作物生产集聚水平较

1996年提高0.117 9，提高了23%。出现这种现象的原因是我国对豆类作物收购价格的变动所带来的负面影响。

(3) 薯类作物生产集聚水平大致呈负增长趋势。2015年的薯类作物生产集聚水平较1996年下降0.128 0，下降了25.71%。出现这种现象的原因可能是薯类作物机械化程度较低，农户更倾向于选择可以减轻自身负担、机械化程度相对高的作物，进而对薯类作物的生产集聚产生消极作用。接下来将分析不同区域粮食作物生产集聚的变化情况。

3.3.3 我国粮食作物地区平均集聚率

通过地区平均集聚率测算方法可以得出我国各地区粮食作物平均集聚水平，见表3-10。从表3-10可知，不同区域的粮食作物生产集聚率差异明显且呈无规律变动趋势。从整体来看，可以分为以下3种态势：一是1996—2015年，我国粮食主产区的粮食作物平均集聚率呈正增长趋势，其中黑龙江和安徽的粮食作物平均集聚率增长最为突出，这些粮食主产区具有资源禀赋优势和先进农机具，农业区域化水平较高；二是东北地区的吉林、黑龙江，西部地区的重庆、贵州和新疆，以及中部地区的江西、河南和安徽的粮食作物平均集聚率呈增长态势，非粮食主产区的西部地区粮食作物平均集聚率也呈增长态势；三是北京、上海、天津和浙江等经济发展较好地区粮食作物平均集聚率呈负增长态势。

表3-10 1996—2015年全国各地区粮食作物平均集聚率

地区	平均集聚率									
	1996年	1998年	2000年	2002年	2004年	2006年	2008年	2010年	2012年	2015年
西藏	0.001	0.001	0.001	0.001	0.001	0.001	0.001	0.001	0.001	0.001
北京	0.002	0.002	0.002	0.001	0.001	0.001	0.001	0.001	0.001	0.001
青海	0.003	0.003	0.002	0.002	0.002	0.002	0.002	0.002	0.002	0.002
天津	0.004	0.003	0.003	0.002	0.002	0.002	0.002	0.002	0.002	0.002
上海	0.004	0.004	0.003	0.003	0.002	0.002	0.002	0.002	0.002	0.002
海南	0.006	0.006	0.006	0.006	0.006	0.005	0.005	0.005	0.005	0.005
宁夏	0.006	0.006	0.006	0.007	0.005	0.004	0.005	0.004	0.004	0.004
新疆	0.008	0.008	0.009	0.009	0.008	0.009	0.009	0.011	0.01	0.011

表 3-10(续)

地区	平均集聚率									
	1996 年	1998 年	2000 年	2002 年	2004 年	2006 年	2008 年	2010 年	2012 年	2015 年
重庆	0.014	0.021	0.021	0.022	0.021	0.018	0.018	0.019	0.02	0.021
甘肃	0.018	0.013	0.015	0.014	0.014	0.013	0.013	0.013	0.014	0.014
山西	0.022	0.022	0.022	0.02	0.018	0.019	0.019	0.02	0.021	0.022
辽宁	0.023	0.023	0.023	0.025	0.025	0.022	0.024	0.023	0.023	0.021
贵州	0.024	0.025	0.025	0.026	0.025	0.023	0.023	0.024	0.025	0.026
福建	0.025	0.024	0.022	0.021	0.019	0.016	0.015	0.015	0.015	0.015
吉林	0.027	0.027	0.036	0.037	0.039	0.03	0.039	0.038	0.035	0.036
陕西	0.027	0.027	0.024	0.022	0.022	0.017	0.018	0.018	0.018	0.017
云南	0.036	0.035	0.032	0.041	0.038	0.038	0.039	0.04	0.043	0.045
浙江	0.037	0.035	0.031	0.025	0.022	0.019	0.018	0.018	0.018	0.018
内蒙古	0.038	0.046	0.042	0.04	0.04	0.048	0.043	0.047	0.044	0.043
山东	0.043	0.043	0.04	0.036	0.032	0.032	0.032	0.031	0.031	0.032
广东	0.043	0.043	0.041	0.039	0.037	0.033	0.033	0.032	0.032	0.031
河北	0.044	0.043	0.04	0.036	0.033	0.031	0.03	0.028	0.028	0.028
广西	0.047	0.047	0.047	0.049	0.047	0.041	0.038	0.038	0.038	0.037
江西	0.051	0.049	0.049	0.05	0.052	0.055	0.054	0.054	0.054	0.055
湖北	0.051	0.048	0.045	0.045	0.044	0.042	0.042	0.042	0.042	0.044
河南	0.052	0.054	0.053	0.054	0.055	0.056	0.056	0.055	0.058	0.056
江苏	0.054	0.055	0.053	0.051	0.052	0.053	0.054	0.053	0.054	0.054
安徽	0.057	0.058	0.065	0.066	0.071	0.075	0.075	0.075	0.077	0.078
湖南	0.068	0.067	0.068	0.066	0.068	0.066	0.065	0.066	0.067	0.067
四川	0.077	0.055	0.056	0.058	0.058	0.056	0.055	0.053	0.056	0.057
黑龙江	0.101	0.109	0.118	0.127	0.138	0.17	0.171	0.169	0.159	0.159

3.3.4 我国粮食作物的专业化水平

1996—2015 年 20 年间我国 31 个地区粮食作物(豆类作物、薯类作物和谷类作物)的专业化水平可以通过区位熵指数计算得来。各地区的粮食作物(豆类作物、薯类作物和谷类作物)的区位熵指数可以依据式(3-2)计算得到。

(1) 粮食作物总体专业化水平

不同年份我国粮食作物的区位熵指数均值及排名前 5 位地区见表 3-11。由表 3-11 可知,1996—2015 年我国粮食作物区位熵指数均值大致上呈增长态势。2015 年的全国层面粮食作物区位熵指数均值较 1996 年增加 0.052 4,增长了 5.5%。这主要是我国粮食作物生产的专业化水平逐步提高所导致的。此外,我国粮食作物生产专业化水平呈向北部地区逐步提高的趋势。1996 年,吉林、西藏、黑龙江、陕西和辽宁等地区的粮食作物总体专业化水平较高,而到了 2015 年,山西、黑龙江、吉林、辽宁和内蒙古等区域粮食作物总体专业化水平较高。

表 3-11　不同年份我国粮食作物区位熵指数均值及区位熵指数排名前 5 位地区

年份	区位熵指数排名前 5 位地区(乱序排列)	全国粮食作物区位熵指数的均值
1996	西藏、辽宁、吉林、陕西、黑龙江	0.950 6
2000	宁夏、西藏、陕西、吉林、黑龙江	0.960 4
2005	陕西、吉林、辽宁、黑龙江、山西	0.968 9
2010	辽宁、黑龙江、内蒙古、山西、吉林	0.992 0
2015	内蒙古、黑龙江、辽宁、山西、吉林	1.003 0

(2) 谷类、豆类、薯类作物的专业化水平

1996—2015 年各类粮食作物的专业化水平及产量排名前 5 位地区见表 3-12。从表 3-12 可知,由于气候的多样性,我国不同区域存在显著的作物种植差异。其中,谷类作物主要集中于天津、上海、江苏、黑龙江和西藏等地区,薯类作物主要集中于海南、重庆、福建和甘肃等地区,豆类作物主要集中于黑龙江、内蒙古和青海等地区。从整体来看,谷类作物和薯类作物专业化水平逐步提高,豆类作物专业化水平呈下降趋势,其中 2015 年谷类作物专业化水平最高值较 1996 年增长 0.357 8%,薯类作物专业化水平最高值较 1996 年增长3.364 5%,豆类作物专业化水平最高值较 1996 年减少 1.123 1%。对不同区域而言,中部地区较东北地区谷类作物专业化水平相对稳定,薯类作物的专业化优势逐渐向西部地区转移,薯类作物由重庆、上海、四川和福建等地区逐步向青海、重庆、福建和甘肃等地区转移。豆类作物在黑龙江地区的专业化水平相对其他地区一直较高,且产量一直居第一位。2015 年,黑龙江和云

南等地区的豆类作物产量位居前列。与其他区域相比，云南豆类作物的专业化水平有显著提高。

表 3-12 1996—2015 年各类粮食作物专业化水平及产量排名前 5 位地区

年份	专业化水平(以区位熵指数衡量)排名前 5 位地区			产量排名前 5 位的地区		
	谷类作物	豆类作物	薯类作物	谷类作物	薯类作物	豆类作物
1996	天津(1.074 1)	黑龙江(3.964 6)	重庆(2.958 0)	山东	四川	黑龙江
	上海(1.071 9)	青海(2.958 6)	海南(2.627 1)	四川	山东	山东
	北京(1.058 6)	内蒙古(2.011 8)	福建(2.265 7)	河南	河南	内蒙古
	西藏(1.057 1)	甘肃(1.830 4)	四川(2.162 3)	江苏	重庆	河南
	新疆(1.056 7)	云南(1.766 1)	贵州(2.007 9)	河北	安徽	四川
2000	天津(1.084 5)	黑龙江(4.422 6)	重庆(2.711 3)	河南	四川	黑龙江
	上海(1.080 9)	内蒙古(2.031 1)	海南(2.502 9)	山东	河南	河南
	北京(1.076 9)	吉林(1.973 7)	福建(2.434 3)	江苏	山东	吉林
	西藏(1.068 4)	青海(1.835 1)	青海(2.259 6)	四川	重庆	内蒙古
	江苏(1.058 5)	山西(1.556 9)	贵州(2.013 0)	湖南	广东	山东
2005	天津(1.094 9)	黑龙江(4.933 4)	青海(4.855 6)	河南	四川	黑龙江
	新疆(1.088 1)	青海(2.826 3)	重庆(3.347 8)	山东	重庆	内蒙古
	上海(1.087 7)	内蒙古(2.214 0)	海南(3.172 2)	江苏	河南	四川
	西藏(1.085 4)	吉林(1.328 2)	甘肃(3.165 9)	四川	贵州	吉林
	江西(1.080 0)	浙江(1.305 1)	福建(2.857 9)	河北	山东	江苏
2010	江苏(1.117 6)	黑龙江(3.459 5)	青海(6.288 2)	河南	四川	黑龙江
	西藏(1.104 5)	青海(2.401 2)	重庆(4.433 7)	黑龙江	重庆	内蒙古
	天津(1.094 7)	内蒙古(2.216 8)	甘肃(3.391 3)	山东	山东	安徽
	新疆(1.086 5)	云南(1.495 8)	福建(3.111 7)	江苏	甘肃	吉林
	吉林(1.076 7)	吉林(1.144 5)	海南(2.979 8)	安徽	贵州	四川
2015	西藏(1.431 9)	黑龙江(2.841 5)	青海(6.322 5)	河南	四川	黑龙江
	黑龙江(1.430 0)	云南(2.703 1)	重庆(4.963 0)	黑龙江	重庆	云南
	江苏(1.423 0)	青海(2.134 8)	贵州(4.810 9)	山东	贵州	安徽
	吉林(1.403 0)	浙江(1.860 8)	福建(3.628 5)	吉林	甘肃	内蒙古
	安徽(1.335 6)	重庆(1.622 6)	甘肃(3.594 2)	江苏	云南	四川

注：本表数据为作者根据《中国统计年鉴》数据计算所得。

3.3.5 我国粮食作物内部各作物的时空关联性

我国粮食作物的专业化水平可以通过计算区位熵指数得到，而粮食作物在空间上的关联性则需要通过全局莫兰指数来考查。本节根据表 3-12 所列的数据和式(3-4)计算全局莫兰指数(表 3-13)，以判断所考查的粮食作物是否具有空间依赖性。

表 3-13 不同年份粮食作物的全局莫兰指数

年份	全局莫兰指数				
	大豆	小麦	水稻	玉米	马铃薯
1996	0.191*** (2.943)	0.373*** (3.691)	0.434*** (3.812)	0.471*** (4.271)	0.110 (0.959)
2000	0.159*** (3.260)	0.376*** (3.830)	0.416*** (3.677)	0.479*** (4.317)	0.085 (0.809)
2005	0.162*** (3.184)	0.377*** (3.929)	0.374*** (3.349)	0.515*** (4.610)	0.164 (1.319)
2010	0.120** (2.533)	0.389*** (4.006)	0.286** (2.637)	0.547*** (4.874)	0.176 (1.370)
2015	0.108** (2.017)	0.393*** (4.037)	0.273** (2.524)	0.551*** (5.069)	0.237* (1.722)

注：带 *** 的数据表示在 1% 显著性水平下显著，带 ** 的数据表示在 5% 显著性水平下显著，带 * 的数据表示在 10% 显著性水平下显著；括号内数据为 Z 检验值。

从表 3-13 可以看出，粮食作物作为整体存在的资源时对空间具有很强的依赖性。粮食作物具有突出的空间集聚性，是因为它是土地资源密集型作物。从时间发展态势来说，不同的粮食作物对空间的依赖性特征有缓慢增加的空间集聚特征、缓慢下降的空间集聚特征、渐渐产生的空间集聚特征。接下来对这 3 种特征进行逐一阐述和说明。

(1) 缓慢增加的空间集聚特征。玉米和小麦的空间集聚水平呈增加趋势。其空间集聚特征不但受本身资源禀赋影响，还随周围环境的变化而变化。随着时间推移，玉米和小麦对周边环境的依赖性逐渐增强，根本原因是玉米和小麦的机械化程度较高，在同一种植区域进行规模化种植对农户有利。同时，二者规模化发展可以有效降低劳动者生产成本。

(2) 缓慢下降的空间集聚特征。水稻和大豆的空间集聚水平呈缓慢下降趋势。但在这一阶段，水稻和大豆的空间集聚仍然存在明显特征，即水稻和大豆的种植效果受周边环境影响较大，空间依赖性较强。这是由于相对玉米和小麦而言，水稻和大豆的机械化程度不高，以及现阶段我国人力资本价格的提高抑制了水稻和大豆空间集聚水平的提高。

(3) 逐渐产生的空间集聚特征。由表 3-13 可知，从 1996 年到 2015 年，马铃薯的空间集聚特征逐渐从不集聚向聚集转变。不难看出，我国马铃薯发展战略提高了马铃薯作物的空间集聚水平。

3.4 本章小结

本章对我国各省(自治区、直辖市)的农业资源禀赋、生产集聚状况与演变趋势进行了透彻的分析，得出的结论如下所述。

(1) 从宏观来看，我国农业机械化水平和农业机械数量均呈上升态势。从微观来看，大中型农业机械总动力的增长速度大于小型农业机械总动力的增长速度。

(2) 科技化、城镇化和工业化进程的推进，对全国各地耕地资源产生一定程度的负面影响。同时，各个地区正在不断加大耕地质量建设。耕地质量逐步提高，2016 年年末全国耕地质量平均等级处于中等水平。

(3) 劳动力价格不断提高和国家政策支持等客观现象的改变，对于我国非农劳动力数量和劳动力非农就业比例的提高有推进作用。虽然我国乡村女性劳动力人数一直呈缓慢增长态势，但男性和女性劳动力数量的比例差别不大，并未表现出农业种植以女性为主的现象。此外，2016 年年末我国 55 岁以上农业劳动力数量占农业劳动力总数量的比例高达 30%以上，由此可见我国青壮年农业劳动力缺失严重。

(4) 根据空间基尼系数的计算结果可以看出，我国粮食作物的生产集聚水平相比之前有所提高；根据空间自相关性的具体分析可以得出，不同的粮食作物生产集聚水平存在明显差异，但都具有空间依赖性特征；根据区位熵指数的计算结果可以看出，在不同区域，不同粮食作物的生产集聚具有共同特征，即生产集聚呈专业化特征。

4 资源禀赋、生产集聚与农业创新发展研究

4.1 引　　言

创新是引领发展的第一动力，是建设现代化经济体系的战略支撑。农业创新发展中的技术创新已成为农业高质量发展的新动力。作为新发展理念之一的创新发展，在当代农业发展过程中发挥了重大作用。我国从农业产业和农业技术链的角度出发来推进农业发展，而随着资源禀赋、生产集聚逐渐呈现其优势，一个需要探讨的现实问题显现出来：资源禀赋、生产集聚是否对农业创新发展产生积极作用？本章将进一步分析我国农业发展的变动趋势和资源禀赋、生产集聚对农业创新发展的影响。

本章结构安排如下：第一部分为引言，主要介绍研究目的和章节安排；第二部分为资源禀赋、生产集聚与农业创新发展的模型设定和样本选取，并在控制外部环境前提下，对多种农业创新发展衡量形式进行变量选取；第三部分为资源禀赋、生产集聚与农业创新发展的回归结果分析和稳健性检验；第四部分为本章小结。

4.2 模型设定与变量选取

4.2.1 计量模型设定

在机制分析与理论模型的基础上，本章构建了一个资源禀赋、生产集聚与农业创新发展的面板数据模型，分别对农业科技水平和新主体与新业态代理变量进行了估计检验，并利用全国各省（自治区、直辖市）的面板数据验证前文提出的假说。

资源禀赋、生产集聚与科技水平模型设定如下：

$$S_{it}=\beta_0+\beta_1 A_{it}+\beta_2 M_{it}+\beta_3 X_{it}+\varphi_i+\varphi_t+\eta_{it} \tag{4-1}$$

式中，i 表示样本，即不同的省级单位，下同；t 表示时间，下同；S_{it} 表示农业科技水平，用农业知识产权创造指数或农业综合机械化率表示；新主体和新业态代理变量用每万人拥有的农民专业合作社数量或休闲农业产值占农业总产值的比例表示；A_{it} 表示生产集聚水平；M_{it} 表示资源禀赋特征变量，包括农业劳动力数量、农业资本存量、农业技术水平、农业耕地面积、农业人力资本；X_{it} 表示控制变量，包括农业科技财政投入、农业耕地面积、人均可支配收入、自然灾害、地形条件、劳动力非农就业比例、城镇化水平；$\beta_0\sim\beta_3$ 表示待估参数，下同；φ_i 表示随机效应特征参数，下同；φ_t 表示固定效应特征参数，下同；η_{it} 为时间效应特征参数，下同。

资源禀赋、生产集聚水平与新主体和新业态模型设定如下：

$$E_{it}=\beta_0+\beta_1 A_{it}+\beta_2 M_{it}+\beta_3 N_{it}+\varphi_i+\varphi_t+\eta_{it} \tag{4-2}$$

式中，被解释变量 E_{it} 表示新主体和新业态的代理变量，用每万人拥有农民专业合作社数量或休闲农业产值占农业总产值的比例表示；A_{it} 表示生产集聚水平；M_{it} 表示资源禀赋特征变量，包括农业资本存量、农业耕地面积、农业技术水平等；N_{it} 表示控制变量，包括人均可支配收入、城镇化水平、劳动力非农就业比例和地形条件。

4.2.2 空间模型设定

由于粮食生产具有空间相关性和空间溢出效应的特点，因此所要用到的空间计量模型主要纳入了空间效应（空间相关性和空间差异性），即通过引入空间滞后模型（SLM）和空间误差模型（SEM）对其进行估计。

（1）空间滞后模型

空间滞后模型主要探讨相邻地区粮食发展对当地粮食的空间是否有扩散现象，表达式为：

$$\ln Y_{it}=\lambda W\ln Y_{it}+\beta\ln X_{it}+\varepsilon \tag{4-3}$$

式中，Y_{it} 为被解释变量，本章内容包括农业科技水平、新主体和新业态代理变量；W 为 $n\times n$ 空间权重矩阵；X_{it} 为 $n\times k$ 自变量矩阵（k 为影响因素的数量）；β 为变量回归系数；λ 为反映空间依赖性的空间回归系数；$W\ln Y_{it}$ 为因变量的空间滞后项，反映空间距离对粮食产业的发展作用；ε 为随机误差项。

（2）空间误差模型

空间误差模型用于衡量相邻地区的因变量误差对该地区观测值的影响程度，表达式为：

$$\ln Y_{it}=\beta\ln X_{it}+\mu \tag{4-4}$$

式中，滋扰项 μ 可由下式计算：

$$U=\rho M\mu+\varepsilon \tag{4-5}$$

式中，M 为空间权重矩阵；U 为中间变量。从这个模型可以看出，扰动项 μ 存在空间相关性。$M\mu$ 为空间滞后的误差项；ρ 为空间误差系数，用来衡量误差项的空间相关程度。

4.2.3 变量设置

生产集聚水平即粮食作物的生产集聚程度，可以用区位熵指数来衡量。由于粮食生产会受自然灾害的影响，粮食作物生产集聚程度以粮食作物播种面积所占的百分比来衡量，并代入区位熵指数计算公式进行测算。在下文提出的实证过程中，粮食作物生产集聚程度通过将粮食作物的播种面积纳入区位熵方程来获取。根据研究假设，生产集聚水平这一变量预计为正值。

资源禀赋特征变量主要包括农业劳动力数量、农业耕地面积、农业资本存量、农业技术水平和农业人力资本。各变量解释如下所述。

（1）农业劳动力数量以农业粮食生产劳动力的数量表示。将粮食作物作为研究对象，计算出各地区实际用于粮食生产的劳动力数量，以准确反映劳动力数量对粮食作物生产集聚水平的影响。杨勇、王跃梅采用权重系数法分离出粮食生产的投入因子，得出了粮食生产劳动力数量的计算公式，即粮食作物生产劳动力数量＝农林牧副渔业劳动力数量×（农业产值/农林牧副渔业总产值）×（谷类作物播种面积/作物播种面积）。各地区粮食生产劳动力数量来自《中国农业年鉴》。

（2）农业耕地面积以粮食播种面积表示。由于使用耕地面积时回归结果误差较大，故使用粮食播种面积作为农业耕地面积的替代变量。该数据来自《中国农业年鉴》。

（3）农业资本存量以化肥折存量表示。化肥折存量是指氮肥、磷肥、钾肥分别按含氮、含五氧化二磷、含氧化钾的百分之百成分进行折算后的数量。该数据来自《中国农业年鉴》。

(4) 农业技术水平表示农业机械化程度，以农业机械总动力表示。本书选择的是农业机械动力投入量。该数据来自《中国农业机械工业年鉴》。

(5) 农业人力资本用当地劳动力的平均受教育年限来衡量。文盲、小学、初中、高中和大学及以上学历的劳动力教育年限，分别用 1 年、6 年、9 年、12 年和 15 年代替，并按劳动力人口加权计算。该数据来自《中国统计年鉴》。

被解释变量包括农业科技水平及新主体和新业态代理变量。

(1) 农业科技水平用农业知识产权创造指数或农业机械化率来表示。该数据来自《中国统计年鉴》。

(2) 新主体和新业态代理变量用每万人拥有农民专业合作社数量或休闲农业产值与农业总产值的比例表示。该数据来自《中国农业机械工业年鉴》和《中国休闲农业统计年鉴》。

控制变量包括的内容较多，具体设置如下所述。

(1) 农业科技财政投入以农业财政投入占农业财政资金总投入的比例表示。该数据来自《中国统计年鉴》。

(2) 人均可支配收入以农村居民人均可支配收入表示。居民的可支配收入是居民的最终消费支出和储蓄的总和，也就是居民可以自由支配的收入。农村人口外流和农村居民工资的提高，使农村居民人均可支配收入全面增加，激发了对农业的投资潜力，导致了农业技术的提高和资本投资的增加。农村居民人均可支配收入来自《中国农村统计年鉴》。

(3) 自然灾害主要用于分析农作物的受灾情况，以农作物受损面积占农作物播种总面积的比例表示。该数据来自《中国统计年鉴》。

(4) 地形条件用耕地坡度大于等于 6°的可耕地总面积所占的百分比表示。该数据来自 Landsat TM 30 m 卫星遥感影像数据。

(5) 劳动力非农就业比例用非农劳动力数量与农业劳动力数量的比值表示。其中农业劳动力数量是指农村地区从事农业、林业、畜牧业和渔业的人数，非农劳动力数量＝乡村劳动力数量－农业劳动力数量。该数据来自《中国统计年鉴》。

(6) 城镇化水平用地区城镇人口占该地区总人口的比例来衡量。城镇化水平是一个地区的城镇化程度。首先，城镇化水平反映了一个地区、一个国家或全世界居住在大、中、小城镇中的人口占城乡总人口的比例；其次，它反映了集聚程度达到称为“城镇”的居民点的数目；最后，它反映了单个城市的人口和用地规模。因此，城镇化水平是衡量区域经济发展程度的重要标志。各地区城镇人口占其总人口的比例来自《中国统计年鉴》。

4.2.4 样本描述性分析

样本描述性分析是指对调查所得的大量数据进行初步的整理和归纳，以找出这些数据的内在规律，包括数据的集中趋势和离散趋势。它主要借助各种数据所表示的统计量(如均值、百分比等)进行单因素分析。

上文对新发展理念下资源禀赋、生产集聚与农业创新发展模型进行了变量选取，现对选取的样本进行描述性统计分析，见表 4-1。

表 4-1 资源禀赋、生产集聚与农业创新发展样本描述性分析

名称	均值	标准差	最小值	最大值
农业生产集聚水平	0.98	0.12	0.36	1.52
农业劳动力数量	365.25	302.21	9.34	1 873.13
农业耕地面积	110 825.52	5 978.42	99 410.00	119 230.00
农业资本存量	5 204.43	656.94	4 124.30	6 022.60
农业技术水平	4 805.61	1 391.45	2 867.99	6 913.14
农业人力资本	2.14	0.23	1.19	2.45
农业科技财政投入	8.81	0.96	7.10	9.90
人均可支配收入	4 938.01	3 113.10	2 229.10	10 488.88
自然灾害	2.32	0.81	1.11	3.57
地形条件	1.37	0.59	0.00	2.00

注：① 最大值为样本中最大的一个数值，最小值为样本中最小的一个数值。

② 样本数据选取时间为 2001—2020 年。

由该表可知，我国农业生产集聚正在向集约化生产迈进，农业生产集聚水平的均值已达 0.98。该值越高，表明我国农业生产集聚程度越高；农业劳动力数量正在逐年下降，均值达 365.25，标准差为 302.21，这也是由于非农就业人员工资上涨带来的农业劳动力向非农行业转移；农业耕地面积和农业资本存量均值均处于较高水平；农业技术水平也在逐年提升，标准差为1 391.45，变动较大；农业人力资本均值较高，为2.14，但标准差较小，可以反映出农业人力资本的变动较小；从农业科技财政投入均值(8.81)可以看出，我国各地区对农业科技财政投入较多，农业科技财政投入的标准差较小，为0.96，表明其变化较小；人均可支配收入均值在4 938.01，该水平还未达到中位数水平，这表明农业收入带来的人均可支配收入还有很大的提升空间。

4.3 实证回归结果

4.3.1 资源禀赋、生产集聚与农业科技水平回归分析

本书采用2001—2020年我国各省(自治区、直辖市)的多个变量的面板数据，且利用最大似然估计方法估算出变量的数值。因粮食生产存在空间依赖性，所以本研究采用莫兰指数对研究阶段的我国各地区粮食生产的面板数据进行全局空间自相关性检验。结果显示，2001—2020年各地区的粮食生产莫兰指数为正，并且通过1%的显著性检验，由此可以说明粮食生产存在显著的空间自相关性。为了进一步深入证明，本研究引入空间权重矩阵，构建了空间面板滞后模型和空间面板误差模型。为判断应使用随机效应模型还是固定效应模型，采用豪斯曼检验对SLM和SEM进行深入分析。因检验结果显著为正，故选择固定效应模型。变量之间存在互为因果的内生性问题，由此便可得到固定效应模型(FEM)、SEM和SLM的回归分析结果，见表4-2。表中农业科技水平的代理变量选用农业知识产权创造指数。

从表4-2可以看出，空间面板滞后模型的λ值和误差模型的ρ值均通过了显著性检验，并且都呈现显著的正向影响效果，表明各地区的粮食生产不仅具有空间上的锁定效应，还会对邻近地区的粮食生产产生显著的趋同现象，产生跨区域的极化效应，从而提高农业科技水平，这也意味着农业的创新发展水平不断得到提升。创新是引领发展的第一动力，农业创新发展是

表 4-2　资源禀赋、生产集聚与农业知识产权创造指数回归分析结果

名称		农业科技水平代理变量:农业知识产权创造指数					
		FEM		SLM		SEM	
		模型(1)	模型(2)	模型(3)	模型(4)	模型(5)	模型(6)
生产集聚	农业生产集聚一次项	0.105*** (3.08)	0.090*** (3.28)	0.121*** (3.92)	0.117*** (2.65)	0.017*** (3.76)	0.077** (2.17)
	农业生产集聚二次项	—	0.231*** (2.73)	—	0.212*** (2.69)	—	0.135*** (2.75)
资源禀赋特征变量	农业劳动力数量	0.005 (0.58)	1.190 (0.53)	0.101 (0.94)	0.004 (1.50)	0.011 (0.65)	0.054 (1.29)
	农业耕地面积	0.259 (0.48)	0.014 (1.48)	0.295* (1.85)	0.007* (1.92)	0.045* (1.75)	0.097 (1.18)
	农业资本存量	0.000 4 (0.02)	0.030 0 (1.13)	0.030 0 (0.64)	0.001 0 (1.27)	0.414 0 (1.05)	−0.030 0 (−1.13)
	农业技术水平	0.065** (2.21)	0.005 (0.1)	0.070 (0.21)	−0.170 (−0.61)	0.040 (0.09)	0.400 (0.94)
	农业人力资本	0.280* (1.75)	0.105*** (3.08)	0.432*** (2.62)	0.433** (2.16)	0.002* (1.65)	0.006* (1.84)
	农业科技财政投入	0.045*** (3.0)	0.113** (2.38)	0.848*** (2.61)	1.399** (2.29)	0.433** (2.16)	0.299*** (3.29)
控制变量	人均可支配收入	2.061 (1.38)	0.003 (0.59)	0.135 (0.46)	0.004 (0.76)	0.107 (1.61)	−0.002 (−0.06)
	自然灾害	−0.279** (−2.21)	−0.275*** (−3.27)	−0.003* (−1.72)	−0.359* (−1.87)	−0.819** (−2.44)	−0.007* (−1.90)
	地形条件	−2.163 (−1.59)	−2.862* (−1.80)	−2.080** (−2.01)	−2.749*** (−3.72)	−2.372* (−1.75)	−2.186 (−1.36)
常数项		2.048** (2.22)	1.685* (1.83)	0.517 (0.08)	0.143 (0.46)	0.133 (0.47)	0.218 (0.16)
回归系数 λ		—	—	1.238** (2.52)	1.602*** (2.99)	—	—
ρ		—	—	—	—	1.955*** (3.14)	1.972*** (3.62)
卡方检验	R^2	0.654 5	0.606 3	0.665 4	0.672 9	0.666 3	0.602 7
样本数/个		620					

注:① 带 *、**、*** 的数据分别表示在 10%、5%和 1%的置信水平上具有统计显著性。

② 括号内的数据为“t 检验”的统计量值,用来检验样本均值的统计显著性。

农业高质量发展的关键环节，农业创新发展水平的提高对推动农业高质量发展具有显著作用。

首先，由SLM的结果可知，农业生产集聚水平的系数为正，且在1%的水平上显著，由此可得农业生产集聚水平的提高对农业科技水平发展有着显著的正向影响。农业生产集聚的规模效应进一步扩大了土地规模，进而需要更高的农业科技水平和更强大的农业创新力量来提高生产效率；生产规模的扩大和农业机械的使用不仅可以提高农业生产效率，而且可以促进农业科技发展。农业科技水平越高，说明农业创新发展进程越快，这也为当今农业的高质量发展奠定了坚实基础。

其次，从资源禀赋特征变量基本回归结果来看，农业人力资本这一变量对农业科技水平发展具有促进作用。原因是其将农民培训和科技应用相结合，使农民成为农业生产的经营主体和农业科技的应用主体，让农民更好地享受农业科技发展所带来的便利，反向推动农业科技水平的提升，这表明农业创新发展的力量不断增大。

再次，在控制变量中农业科技财政投入对农业科技水平的提高具有促进作用。财政资金投入可以扩大农业基础设施建设，开展农民技术培训，让农业科技更加有效、深入地得到运用，还可以推动农业科技研究进步，促进农业科技水平稳步提升，确保农业创新发展水平不断提升。

最后，为进一步考察农业生产集聚的发展对农业高质量发展特别是农业创新发展的影响，又加入了农业生产集聚二次项。由表4-2可知，农业生产集聚水平对农业科技水平的影响呈现线性的递增趋势，即农业生产集聚水平可以对农业科技水平产生集聚效应，这也意味着农业创新水平得到了不断提高。

综上所述，农业生产集聚水平的提高对农业科技水平的发展具有促进作用。在资源禀赋特征变量中，农业人力资本是对农业科技水平具有促进作用的变量，在控制变量中农业科技财政投入是对农业科技水平具有促进作用的变量。

4.3.2 资源禀赋、生产集聚与农业科技水平稳健性检验

鉴于农业科技水平的影响因素较多，要运用多种类型的衡量标准进行

稳健性检验，以进一步验证因果关系和实证回归结果的准确性，具体方法是将农业科技水平的代理变量换用农业综合机械化率表示。资源禀赋、生产集聚与农业综合机械化率的回归分析结果见表 4-3。

表 4-3 资源禀赋、生产集聚与农业综合机械化率回归分析结果

名称		农业科技水平代理变量:农业综合机械化率					
		FEM		SLM		SEM	
		模型(7)	模型(8)	模型(9)	模型(10)	模型(11)	模型(12)
生产集聚	生产集聚一次项	0.244*** (7.33)	0.081*** (5.35)	0.865*** (3.00)	0.047*** (6.85)	0.176*** (3.34)	0.060** (2.63)
	生产集聚二次项	—	0.239*** (2.71)	—	0.157*** (2.79)	—	0.879*** (2.67)
资源禀赋特征变量	农业劳动力数量	0.414 (1.05)	−0.030 (−1.13)	0.160 (0.52)	0.170 (1.51)	0.010*** (3.36)	0.030 (1.43)
	农业耕地面积	0.040 0 (0.09)	0.400 0 (0.94)	0.110 0** (2.07)	0.010 0 (0.31)	−0.120 0*** (−3.35)	0.000 4 (0.81)
	农业资本存量	0.615 (1.41)	0.006 (0.07)	0.130 (0.16)	0.530 (0.66)	−0.001 (−0.32)	0.017 (0.51)
	农业技术水平	0.612 (0.48)	2.340 (1.50)	−0.090 (−0.39)	0.120 (0.35)	−0.010 (−0.42)	0.040 (0.65)
	农业人力资本	0.447 (0.71)	0.040 (0.27)	0.030 (1.55)	0.150 (1.44)	0.003 (0.41)	0.030 (0.80)
常数项		1.039 (0.22)	0.225* (1.97)	−1.467 (−0.31)	0.452** (2.03)	−1.347 (−0.22)	−2.474*** (−2.96)
回归系数 λ		—	—	0.144 1*** (3.18)	0.133 0*** (3.71)	—	—
ρ		—	—	—	—	0.263*** (3.92)	0.728** (2.43)
卡方检验	R^2	0.728 3	0.683 7	0.749 8	0.646 7	0.739 1	0.712 5
样本数/个		620					

注:① 限于篇幅,控制变量未列入表中。

② 带 *、**、*** 的数据分别表示在 10%、5%和 1%的置信水平上具有统计显著性。

③ 括号内的数据为“t 检验”的统计量值,用来检验样本均值的统计显著性。

从表 4-2 和表 4-3 可以看出，农业科技水平的代理变量无论是农业知识产权创造指数，还是农业综合机械化率，农业生产集聚的系数均显著为正，说明农业生产集聚对农业科技水平具有显著的促进作用，与基本模型估计结果一致。总体来看，回归分析结果中变量系数均为正值，与基本模型中的估计结果保持一致，表明此次检验的估计结果是稳健的。

4.3.3 资源禀赋、生产集聚与新主体和新业态回归分析

资源禀赋、生产集聚与新主体和新业态的代理变量每万人拥有农民专业合作社数量的回归分析结果见表 4-4。从表 4-4 可以看出，空间面板滞后模型的回归系数 λ 值和空间面板误差模型的 ρ 值均通过了显著性检验，并且都呈现显著的正向影响效果。由上述结论可知，样本粮食生产存在空间锁定效应，对样本周边地区的粮食生产起促进作用，在此基础上进一步产生了跨区域的极化效应，从而助力新主体和新业态的发展，即生产集聚能够在空间上影响农民专业合作社的发展。

表 4-4 资源禀赋、生产集聚与每万人拥有农民专业合作社数量回归分析结果

名称		新主体和新业态代理变量：每万人拥有农民专业合作社数量					
		FEM		SLM		SEM	
		模型(13)	模型(14)	模型(15)	模型(16)	模型(17)	模型(18)
生产集聚	农业生产集聚一次项	0.440*** (3.39)	0.013*** (4.11)	0.266** (1.98)	0.175*** (2.82)	0.224*** (2.58)	0.005*** (3.54)
	农业生产集聚二次项	—	0.878*** (3.14)	—	0.431*** (2.95)	—	0.556*** (5.63)
资源禀赋特征变量	农业劳动力数量	0.146*** (4.91)	0.201*** (6.73)	0.064 (0.40)	0.436 (0.50)	0.056*** (2.98)	0.058*** (5.53)
	农业耕地面积	0.107*** (3.51)	0.297* (1.96)	0.673** (2.43)	0.305*** (3.16)	0.442 (0.63)	0.278*** (2.85)
	农业资本存量	0.660 (1.57)	0.070 (0.08)	0.120 (0.82)	0.460 (0.66)	0.003 (0.41)	0.030 (0.80)
	农业技术水平	0.26 (0.65)	0.28* (1.73)	0.13 (0.97)	−0.07 (−0.88)	0.03 (1.55)	0.15 (1.44)
	农业人力资本	0.761 (0.68)	0.187 (0.73)	0.275 (0.57)	0.379** (2.08)	0.310 (1.15)	−0.690 (−0.48)

表 4-4(续)

名称		新主体和新业态代理变量:每万人拥有农民专业合作社数量					
		FEM		SLM		SEM	
		模型(13)	模型(14)	模型(15)	模型(16)	模型(17)	模型(18)
控制变量	劳动力非农就业比例	1.859*** (3.08)	1.728** (2.43)	1.496 (0.66)	1.313* (1.88)	1.313 (0.56)	0.176* (1.92)
	人均可支配收入	0.033* (1.79)	0.887 (0.06)	1.317* (1.86)	0.522 (1.53)	0.898* (1.73)	0.935** (2.02)
	城镇化水平	0.006** (1.96)	0.016** (1.98)	0.007*** (2.75)	0.811** (2.29)	0.528*** (5.53)	0.114** (2.01)
常数项		−2.468*** (−2.77)	−0.067*** (−3.08)	−0.389** (−2.34)	0.126*** (2.65)	0.009** (2.12)	−0.170* (−1.79)
回归系数 λ		—	—	2.097*** (2.98)	2.382*** (5.04)	—	—
ρ		—	—	—	—	1.017*** (3.21)	0.342*** (2.98)
卡方检验	R^2	0.665 3	0.654 5	0.715 9	0.684 7	0.729 4	0.713 6
样本数/个		620					

注:① 带*、**、***的数据分别表示在10%、5%和1%的置信水平上具有统计显著性。

② 括号内的数据为"t 检验"的统计量值,用来检验样本均值的统计显著性。

首先,由 SLM 的分析结果可知,生产集聚水平的提高对农业新主体和新业态的发展具有促进作用。生产集聚对新业态的影响路径表现为两个方面:一是生产集聚水平的提高有利于吸引新业态产业,促进当地农业发展,带动当地农户参与农业合作社的积极性;二是生产集聚水平的提高说明了当地的新主体和新业态数量较多,能够产生一定的集聚效应,从而带动农业高质量发展。

其次,在资源禀赋代理变量的回归结果中,对新主体和新业态的发展具有促进作用的变量是农业人力资本,原因在于农业人力资本增加可以推动农业现代化水平的提高,促进新主体和新业态进一步发展,这也意味着农业创新发展水平在农业人力资本的作用下得到了提升。

再次，在控制变量中对新主体和新业态的发展具有促进作用的变量有劳动力非农就业比例、人均可支配收入、城镇化水平。接下来将阐述上述控制变量对新主体和新业态的发展产生显著影响的内在原因。提高劳动力非农就业比例能够促进新主体和新业态的发展，原因在于新业态形式与劳务派遣、灵活就业、非全日制就业等就业方式相融合，衍生出许多新职业、新业态、新模式，这是稳定就业的强大动能，非农人员有更多就业渠道。人均可支配收入的提升可以壮大农业新主体和新业态，促进农户与现代化农业发展的有效衔接。提高城镇化水平能够促进新主体和新业态的发展，原因在于城镇化为农业新业态市场提供了发展机会，创造了客观条件。

最后，为进一步观测农业生产集聚水平的发展趋势，即是否存在拐点，因此模型(16)加入了农业生产集聚的二次项。从回归结果可以看出，农业生产集聚一次项和二次项对新主体和新业态的影响均呈线性递增趋势，表明农业生产集聚能够显著促进新主体和新业态的发展，即农业生产集聚对新主体和新业态表现出集聚效应。

4.3.4 资源禀赋、生产集聚与新主体和新业态稳健性检验

鉴于新主体和新业态存在多种影响因素，进行稳健性检验时需要运用多种衡量标准。本部分新主体和新业态的代理变量以休闲农业产值占农业总产值的比例来表示，回归分析结果见表4-5。

表4-5 资源禀赋、生产集聚与休闲农业产值占农业总产值的比例回归分析结果

名称		新主体和新业态代理变量:休闲农业产值占农业总产值的比例					
		FEM		SLM		SEM	
		模型(19)	模型(20)	模型(21)	模型(22)	模型(23)	模型(24)
生产集聚	农业生产集聚一次项	0.237*** (3.12)	0.034*** (3.19)	0.464*** (4.19)	0.059*** (4.21)	0.427*** (2.67)	0.171*** (4.54)
	农业生产集聚二次项	—	0.192*** (2.68)	—	0.206*** (3.51)	—	0.323*** (3.51)

表 4-5(续)

名称		新主体和新业态代理变量:休闲农业产值占农业总产值的比例					
		FEM		SLM		SEM	
		模型(19)	模型(20)	模型(21)	模型(22)	模型(23)	模型(24)
资源禀赋特征变量	农业劳动力数量	0.230 (0.65)	0.039*** (3.08)	0.010 (0.56)	1.460 (1.50)	0.063*** (3.37)	0.112*** (4.39)
	农业耕地面积	0.140 (0.33)	0.039 (1.08)	0.227*** (3.91)	0.370 (0.56)	0.035 (1.29)	0.080*** (3.64)
	农业资本存量	−0.101 (−0.24)	−0.110 (−0.64)	0.001 (1.14)	0.028 (0.77)	0.198*** (4.22)	0.090*** (3.53)
	农业技术水平	−1.100 (−0.67)	6.930 (0.66)	0.840 (1.19)	1.520 (0.53)	0.859** (2.06)	0.669* (1.75)
	农业人力资本	2.750*** (5.81)	0.473** (2.16)	0.044** (1.99)	0.302 (0.18)	0.157 (0.12)	0.017 (1.62)
常数项		−0.09 (−0.06)	−0.88 (−1.51)	4.87*** (3.39)	2.18*** (2.67)	−0.81 (−0.59)	−2.14*** (−3.03)
回归系数 λ		—	—	1.417*** (3.12)	2.050*** (2.70)		—
ρ		—	—	—	—	3.823*** (3.37)	3.137*** (4.03)
卡方检验	R^2	0.647 3	0.685 5	0.619 2	0.583 9	0.637 8	0.617 9
样本数/个		620					

注:① 限于篇幅,控制变量未列入表中。

② 带*、**、***的数据分别表示在10%、5%和1%的置信水平上具有统计显著性。

③ 括号内的数据为"t 检验"的统计量值,用来检验样本均值的统计显著性。

由表 4-4 和表 4-5 可知,在新主体和新业态的衡量指标中,无论是每万人拥有农民专业合作社数量,还是休闲农业产值占农业总产值的比例,农业生产集聚的系数均显著为正,因此农业生产集聚对新主体和新业态的发展具有显著的促进作用,与基本模型的估计结果一致。总体上,回归分析结果中变量的系数均为正值,与基本模型的估计结果相一致,表明本次检验的估计结果具有稳健性。

4.4 本章小结

本章在空间面板数据模型和空间杜宾模型基础上分析了生产集聚对我国农业创新发展的影响，并且进行了具体估算、检验以及部分实证分析，总结了资源禀赋、生产集聚对农业创新发展的影响，主要结论如下：

(1) 资源禀赋、生产集聚对农业创新发展具有显著促进作用。生产集聚水平每提高 1 个单位，农业创新发展水平就可以提高 0.121 个单位。

(2) 通过构建计量经济学模型、空间杜宾模型可以看出，生产集聚对农业创新发展的影响存在空间效应。

(3) 农业生产集聚对农业创新发展具有促进作用，且在加入农业生产集聚二次项后，农业生产集聚对农业创新发展的影响呈线性的递增趋势。结果表明，农业生产集聚对农业创新发展具有集聚效应。

5 资源禀赋、生产集聚与农业协调发展研究

5.1 引　言

上一章已验证了资源禀赋、生产集聚对农业创新发展的影响，接下来，本章将进一步验证资源禀赋、生产集聚对农业协调发展的影响。随着经济、政治和文化的不断发展，统筹城乡发展、区域发展、经济社会发展、人与自然和谐发展、国内发展和对外开放，推进生产力和生产关系及经济基础和上层建筑相协调成了当代社会必须重视的问题。因此，农业协调发展是农业高质量发展中必不可少的关键一步。通过农业协调第二、三产业发展，不仅可以带动农民增收，还可以进一步拓宽农业现代化发展渠道，加快构筑我国农业高质量发展路径。在本章，我们需要解决的主要问题是：在资源禀赋优势越来越明显、生产集聚水平逐步提升的背景下，资源禀赋、生产集聚对农业协调发展是否具有推动作用？本章将通过分析我国农业协调发展的变动趋势和资源禀赋、生产集聚对农业协调发展的影响来回答这一问题。

本章结构安排如下：第一部分为引言，主要介绍了研究目的和研究内容；第二部分为资源禀赋、生产集聚与农业协调发展的模型设定和样本变量选取；第三部分为通过空间面板数据模型和空间杜宾模型分析资源禀赋、生产集聚与农业创新发展的回归结果，以及稳健性检验回归结果；第四部分为本章小结。

5.2 模型设定与变量选取

5.2.1 计量模型设定

本章构建了资源禀赋、生产集聚和农业协调发展的面板数据模型，并利

用全国各区域的面板数据检验前文提出的假设。构建的面板数据模型用于对农业协调发展(代理变量为城乡协调和产业结构升级)进行估计检验。

资源禀赋、生产集聚与城乡协调发展模型设定如下：

$$C_{it}=\beta_0+\beta_1 A_{it}+\beta_2 M_{it}+\beta_3 X_{it}+\varphi_i+\varphi_t+\eta_{it} \tag{5-1}$$

式中，被解释变量 C_{it} 表示城乡协调发展，代理变量用城乡居民人均可支配收入之比或城乡居民最低生活保障标准之比表示；A_{it} 表示生产集聚水平；M_{it} 表示资源禀赋特征变量；X_{it} 表示控制变量，包括劳动力非农就业比例、单位耕地面积农业总产值、农村居民恩格尔系数、城镇化水平、综合机械化率。

资源禀赋、生产集聚与产业结构升级模型设定如下：

$$I_{it}=\beta_0+\beta_1 A_{it}+\beta_2 M_{it}+\beta_3 N_{it}+\varphi_i+\varphi_t+\eta_{it} \tag{5-2}$$

式中，被解释变量 I_{it} 表示产业结构协调，代理变量用农产品加工业产值与农业总产值之比或农林牧渔服务业产值占比表示；A_{it} 表示生产集聚水平；M_{it} 表示资源禀赋特征变量；N_{it} 表示控制变量，包括劳动力非农就业比例、单位耕地面积农业总产值、交通基础设施、综合机械化率。

5.2.2 空间计量模型设定

由于粮食生产具有空间相关性和空间溢出效应的特点，故本书所用到的空间计量模型主要是纳入了空间效应(空间相关性和空间差异性)，即通过引入空间滞后模型和空间误差模型对粮食生产进行估计。

(1) 空间滞后模型

空间滞后模型主要探讨相邻地区粮食发展对当地粮食的发展是否有扩散现象，表达式为：

$$\ln Y_{it}=\delta W\ln Y_{it}+\theta\ln X_{it}+\varphi \tag{5-3}$$

式中，Y_{it} 为被解释变量，包括城乡协调发展和产业结构协调；W 为 $n\times n$ 空间权重矩阵；X_{it} 为 $n\times k$ 自变量矩阵(k 为影响因素的数量)；θ 为变量回归系数；δ 为反映空间依赖性的空间回归系数；$W\ln Y_{it}$ 为因变量的空间滞后项，反映空间距离对粮食产业的发展作用；φ 为随机误差项。

(2) 空间误差模型

空间误差模型用于衡量相邻地区的因变量误差对该地区观测值的影响程度，表达式为：

$$\ln Y_{it} = \theta \ln X_{it} + \mu \tag{5-4}$$

式中，滋扰项 μ 可由下式计算：

$$T = \omega M\mu + \varphi \tag{5-5}$$

式中，M 为空间权重矩阵；T 为中间变量。从这个模型可以看出，扰动项 μ 存在空间相关性。$M\mu$ 为空间滞后的误差项；ω 为空间误差系数，用来衡量误差项的空间相关程度。

5.2.3 变量设置

变量设置具体如下所述。

生产集聚水平即粮食作物的生产集聚程度，可以用区位熵指数来衡量。由于粮食生产会受自然灾害的影响，粮食作物生产集聚程度以粮食作物播种面积所占的百分比来衡量，并代入区位熵指数计算公式进行测算。在下文提出的实证过程中，粮食作物生产集聚程度通过将粮食作物的播种面积纳入区位熵方程来获取。根据研究假设，生产集聚水平这一变量预计为正值。

资源禀赋特征变量主要包括农业劳动力数量、农业耕地面积、农业资本存量、农业技术水平和农业人力资本。各变量解释如下所述。

(1) 农业劳动力数量以农业粮食生产劳动力的数量表示。本书将粮食作物作为研究对象，计算出各地区实际用于粮食生产的劳动力数量，以准确反映劳动力数量对粮食作物生产集聚的影响。杨勇、王跃梅采用加权因子法分离出粮食生产的投入因子，得到了粮食生产劳动力数量的计算公式，即粮食生产劳动力数量＝农林牧渔业劳动力数量×(农业产值/农林牧渔业总产值)×(谷物播种面积/作物播种面积)。各地区粮食生产的劳动力数量来自《中国农业年鉴》。

(2) 农业耕地面积以粮食播种面积表示。由于使用耕地面积的回归结果误差较大，最终使用各地区的粮食播种面积作为农业耕地面积的替代变量。该数据来自《中国农业年鉴》。

(3) 农业资本存量以化肥折存量表示。化肥折存量是指氮肥、磷肥、钾肥分别按含氮、含五氧化二磷、含氧化的百分之百成分进行折算后的数量。该数据来自《中国农业年鉴》。

(4) 农业技术水平表示农业机械化程度,以农业机械总动力表示。本书选择的是农业机械动力投入量。该数据来自《中国农业机械工业年鉴》。

(5) 农业人力资本用当地劳动力的平均受教育年限来衡量。文盲、小学、初中、高中和大学及以上学历的劳动力平均受教育年限分别用 1 年、6 年、9 年、12 年和 15 年代替,并按劳动力人口加权计算。该数据来自《中国统计年鉴》。

控制变量包括城镇化水平、综合机械化率、交通基础设施、农村居民恩格尔系数、劳动力非农就业比例和单位耕地面积农业产值,具体解释如下所述。

(1) 城镇化水平用地区城镇人口占总人口的比例来衡量。城镇化水平是一个地区的城镇化程度。首先,城镇化水平反映了一个地区、一个国家或全世界居住在大、中、小城镇中的人口占城乡总人口的比例;其次,它反映了集聚程度达到称为"城镇"的居民点数目;最后,它反映了单个城市的人口和用地规模。因此,城镇化水平是衡量区域经济发展程度的重要标志。各地区城镇人口占总人口的比例来自《中国统计年鉴》

(2) 综合机械化率以农作物耕种收综合机械化率表示。根据《中国农业机械工业年鉴》的指标定义,农作物耕种收综合机械化率＝机械耕作率×0.4＋机械播种率×0.3＋机械收获率×0.3。其中,机械耕作率＝机械耕作面积/耕地面积,机械播种率＝机械播种面积/播种面积,机械收获率＝机收面积/耕地面积。测算机械收获率时,各地区作物机收面积数据不易获得,为保证数据一致性,采用作物播种面积代替机收面积。农作物耕种收综合机械化率来自《中国农业机械工业年鉴》。

(3) 交通基础设施用农村公路里程(公里)/耕地面积(千公顷)表示。该数据来自《中国统计年鉴》。

(4) 农村居民恩格尔系数用食品支出总额占个人消费支出总额的比例表示。

(5) 劳动力非农就业比例用非农劳动力数量与农业劳动力数量的比值表示。其中农业劳动力数量是指农村地区从事农业、林业、畜牧业和渔业的人数,非农劳动力数量＝乡村劳动力数量－农业劳动力数量。该数据来源于《中国统计年鉴》。

(6) 单位耕地面积农业产值亦称收获率,简称单产,即平均每单位土地面积上所收获的农产品数量，是综合反映土地生产能力和农业生产工作质量的指标。此指标在我国一般使用每亩产量来表示，所以又称“亩产”，是农业生产水平的重要指标之一。单位耕地面积农业产量或产值等于农业总产量或总产值除以总耕地面积。

5.2.4 样本描述性分析

上文对新发展理念下资源禀赋、生产集聚与农业协调发展模型进行了变量选取，现对选取的样本进行描述性统计分析，具体见表 5-1。

表 5-1 资源禀赋、生产集聚与农业协调发展样本描述性分析

名称	均值	标准差	最小值	最大值
农业生产集聚水平	0.98	0.12	0.36	1.52
农业劳动力数量	365.25	302.21	9.34	1 873.13
农业耕地面积	110 825.52	5 978.42	99 410.00	119 230.00
农业资本存量	5 204.43	656.94	4 124.30	6 022.60
农业技术水平	4 805.61	1 391.45	2 867.99	6 913.14
农业人力资本	2.14	0.23	1.19	2.45
城镇化水平	48.78	8.52	34.78	62.71
综合机械化率	0.49	0.21	0.20	0.80
劳动力非农就业比例	0.97	0.01	0.95	0.98
单位耕地面积农业产值	26 065.77	13 521.48	51 670.16	9 966.06
农村居民恩格尔系数	39.03	6.22	30.00	52.00

注：① 最大值为样本中最大的一个数值，最小值为样本中最小的一个数值。

② 样本数据选取时间为 2001—2020 年。

由该表可知，城镇化水平变量最大值为 62.71，均值为 48.78，说明我国城镇化水平还有较高的提升空间，但同时也需要相关配套设施的完善；综合机械化率均值为 0.49，与最大值 0.80 还差 0.31，说明农业机械化水平还有一定的发展空间。从劳动力非农就业比例可以看出，我国农业劳动力非农就业比例较大，这是农业收益与非农就业收益差距较大导致的，同时随着科技的发展，农民除了农忙时间需要务农外，其余时间均可参加非农劳动以获取额外收入。此外，农村居民恩格尔系数也处于缓慢增长趋势。

5.3 实证回归结果

5.3.1 资源禀赋、生产集聚与城乡协调发展回归分析

资源禀赋、生产集聚与城乡协调发展回归分析结果①见表 5-2。该表以城乡居民人均可支配收入之比作为城乡协调发展的代理变量。从表 5-2 可以看出,SLM 的 δ 值和 SEM 的 ω 值均通过了显著性检验,说明在粮食生产的空间联系中存在空间锁定效应,且呈现显著的正向影响效果。

首先,从 SLM 的结果可知,农业生产集聚水平的系数为正,且在 1% 的水平上显著,表明生产集聚水平上升对加快城乡协调发展有显著的促进作用。生产集聚对城乡协调的影响路径表现为两个方面:第一,生产集聚有助于农作物集中于某一个地区产生集聚效应,从而促进该地区第二、三产业发展,不仅可以带来便利的交通,还可以节约生产成本,提高农业收益,同时农业生产集聚便于管理,可以在保证农产品数量的同时控制农产品质量,从而促进农业协调发展;第二,生产集聚可以得到一定的政策扶持,第二、三产业集中于某一个地区将更有利于政府监管和政策扶持,进一步稳定农业对第二、三产业企业的补贴性收入,进而促进城乡协调发展。

其次,从资源禀赋特征变量回归结果可以看出,对城乡协调发展具有促进作用的变量有农业人力资本,原因在于中国未来现代化发展必将是城乡协调发展,而农村发展必将依赖农业人力资本的投入和积累。加大农业人力资本投入,提高农业人力资本水平,可以为农村发展注入动力与活力,保障农村经济可持续增长,推动乡村现代化发展,促进城乡协调发展,并为农业的高质量发展奠定基石。

再次,由表 5-2 可知,在控制变量中对城乡协调具有促进作用的变量包括城镇化水平、劳动力非农就业比例、农村居民恩格尔系数。接下来将阐述上述控制变量对城乡协调产生显著影响的内在原因。从科学发展观与城镇化开发条件来看,协调城镇化开发与新农村建设,让两者相互支撑、相互促进,可以促进城乡协调,推动农业协调发展,使得农业高质量发展迈入新阶段。劳动力非农就业比例促进城乡协调是由于农村居民劳动

力非农就业会加快城镇化进程，从而促进城乡协调。农村居民恩格尔系数促进城乡协调是由于恩格尔系数所反映的是居民生活水平，其持续下降表示国内老百姓生活水平有了跨越式提高，居民的消费结构发生了巨变，基本物质消费需求比例下降，精神消费需求比例提升，而消费结构调整引领着城乡结构调整。

最后，为了更进一步分析农业生产集聚的未来发展态势，我们在基础模型中加入了农业生产集聚的二次项。分析结果显示，在加入农业生产集聚二次项的条件下，农业生产集聚水平的提高对城乡协调发展仍发挥着正面影响，呈现良好的线性发展趋势，由此可以说明农业生产集聚影响城乡协调发展。

表 5-2　资源禀赋、生产集聚与城乡协调发展回归分析结果①

名称		城乡协调发展代理变量：城乡居民人均可支配收入之比					
		FEM		SLM		SEM	
		模型(1)	模型(2)	模型(3)	模型(4)	模型(5)	模型(6)
生产集聚	农业生产集聚一次项	0.092** (2.92)	0.099** (3.88)	0.598*** (6.31)	0.543*** (3.54)	0.004*** (3.98)	0.008*** (4.04)
	农业生产集聚二次项	—	0.201*** (3.29)	—	0.416*** (3.14)	—	0.057*** (2.75)
资源禀赋特征变量	农业劳动力数量	0.09 (1.43)	0.13 (0.29)	0.04** (2.16)	0.41*** (3.83)	0.04 (0.24)	0.61 (0.22)
	农业耕地面积	−0.100 (−0.82)	−0.230 (−0.80)	−0.001 (−0.74)	−0.002** (−2.06)	−1.130 (−1.09)	−0.490 (−1.20)
	农业资本存量	0.02* (0.25)	0.31*** (3.93)	0.33 (1.68)	0.01 (0.86)	0.57** (2.93)	0.18* (1.77)
	农业技术水平	0.74 (1.27)	0.12 (0.15)	0.02 (0.83)	0.51* (1.85)	0.05* (1.78)	0.02 (0.83)
	农业人力资本	0.174* (1.90)	0.776*** (3.62)	0.374** (2.34)	3.118* (1.80)	4.232* (1.76)	3.062 (0.83)

表 5-2(续)

名称		城乡协调发展代理变量:城乡居民人均可支配收入之比					
		FEM		SLM		SEM	
		模型(1)	模型(2)	模型(3)	模型(4)	模型(5)	模型(6)
控制变量	城镇化水平	0.579** (2.02)	0.737*** (5.26)	0.801*** (3.38)	0.893*** (2.84)	0.039** (2.04)	0.077* (1.95)
	综合机械化率	0.837* (1.68)	0.429* (1.79)	0.446 (0.98)	0.537 (1.33)	0.286* (1.68)	1.273* (1.92)
	劳动力非农就业比例	1.983*** (2.84)	1.276*** (3.69)	0.794*** (4.39)	1.370*** (3.62)	1.683*** (2.88)	1.728** (2.43)
	单位耕地面积农业产值	0.008 (1.61)	0.396* (1.80)	0.086* (1.93)	0.421** (2.33)	0.344* (1.77)	0.180** (2.77)
	农村居民恩格尔系数	0.016* (1.76)	0.836*** (4.27)	0.014*** (3.54)	0.005*** (3.21)	0.002*** (3.79)	0.002*** (2.98)
常数项		0.170** (2.45)	0.048* (1.69)	0.927** (2.03)	0.103** (2.22)	0.009** (2.39)	0.201* (1.82)
回归系数 δ		—	—	1.375*** (3.23)	2.067*** (3.29)	—	—
ω		—	—	—	—	0.073*** (2.75)	0.263*** (3.92)
卡方检验	R^2	0.733 8	0.758 0	0.713 5	0.622 9	0.705 2	0.767 1
样本数/个		620					

注:① 带*、**、***的数据分别表示在10%、5%和1%的置信水平上具有统计显著性。

② 括号内的数据为“t 检验”的统计量值,用来检验样本均值的统计显著性。

5.3.2　资源禀赋、生产集聚与城乡协调发展稳健性检验

本节将采取多种衡量指标对城乡协调进行稳健性检验,以确保城乡协调估计结果较为准确,具体是将城乡协调发展代理变量用城乡居民最低生活保障标准之比来表示。本部分的模型设定和估计方法与基本模型相同。表 5-3 为稳健性检验的估计结果。

表 5-3　资源禀赋、生产集聚与城乡协调发展回归分析结果②

名称		城乡协调发展代理变量:城乡居民最低生活保障标准之比					
		FEM		SLM		SEM	
		模型(7)	模型(8)	模型(9)	模型(10)	模型(11)	模型(12)
生产集聚	农业生产集聚一次项	0.092*** (4.18)	0.097*** (3.93)	0.210*** (3.22)	0.370*** (3.58)	0.106*** (4.45)	0.068*** (3.06)
	农业生产集聚二次项	—	0.010*** (4.76)	—	0.104*** (4.92)	—	0.006*** (2.85)
资源禀赋特征变量	农业劳动力数量	0.243*** (3.72)	0.231*** (3.73)	0.089*** (4.14)	0.365 (0.35)	0.056*** (3.02)	0.063*** (3.76)
	农业耕地面积	−0.083** (−2.36)	−0.097* (−1.96)	−0.730** (−2.34)	−0.530*** (−3.16)	−0.542 (−0.44)	−0.578*** (−2.99)
	农业资本存量	−0.830 (−1.290)	−0.700 (−0.870)	0.236 (0.572)	0.643 (0.696)	0.003 (0.416)	0.003 (0.877)
	农业技术水平	−0.592 (−0.650)	−0.865* (−1.730)	0.153 (0.907)	0.107 (0.838)	0.103 (1.295)	0.105 (1.404)
	农业人力资本	0.176 (0.668)	0.178 (0.763)	0.257 (0.596)	0.179** (2.070)	0.311 (1.510)	0.679 (0.486)
常数项		0.042 (1.06)	0.238* (1.80)	0.067* (1.86)	0.880 (1.15)	0.282** (2.51)	1.929* (1.75)
回归系数 δ		—	—	0.680*** (3.35)	0.001*** (4.90)	—	—
ω		—	—	—	—	2.533*** (4.54)	0.107*** (3.95)
卡方检验	R^2	0.473 4	0.648 3	0.434 0	0.374 8	0.392 3	0.473 6
样本数/个		620					

注:① 限于篇幅,控制变量未列入表中。

② 带 *、**、*** 的数据分别表示在 10%、5%和 1%的置信水平上具有统计显著性。

③ 括号内的数据为“t 检验”的统计量值,用来检验样本均值的统计显著性。

从表 5-2 和表 5-3 可以看出,城乡协调发展代理变量无论是城乡居民人均可支配收入之比,还是城乡居民最低生活保障标准之比,农业生产集聚的系数均为正值,这说明农业生产集聚对城乡协调发展具有显著的促进作用,与基本模型的估计结果一致。总体来说,在回归结果中我们得到的主要解释变量和控制变量的系数均为正值，与前文基本模型的估计值一致，说明得到了基本稳健的估计结果。

5.3.3　资源禀赋、生产集聚与产业结构协调回归分析

资源禀赋、生产集聚与产业结构协调回归分析结果①见表5-4。由表5-4可以得出，空间面板滞后模型的δ值和误差模型的ω值均通过了显著性检验，说明粮食生产的空间联系存在空间依赖性和空间外溢性，且均为积极作用，即在相邻地区自然资源和社会经济环境相似的情况下，粮食生产会产生跨区域的极化效应，从而对产业结构协调产生影响，间接影响农业高质量发展。

首先，根据空间滞后模型的结果可知，农业生产集聚水平的系数为正并且在1%的水平上显著，这说明生产集聚水平的提升对加快产业结构的协调发展有明显的推动作用，同时证明了我国生产集聚水平提升符合产业集聚理论和新经济地理理论中的集聚效应，进而验证了前文假说。粮食作物的生产集聚对产业结构协调的影响表现在两个方面：一是准确的市场定位，充分认识区域特色农业的历史背景、地理条件和资源禀赋特征，把握区域特色农业的特点和发展方向，使区域特色农业拥有良好的市场前景，市场竞争能力得到提高；二是将农业生产示范区标准化、完善化、扩大化，对示范区进行科学有效的规划，积极培育区域地理标志产品，建设标准化生产示范区，扩大标准化生产示范区的影响力，为农业高质量发展奠定基础。

其次，从资源禀赋特征变量的回归结果来看，对产业结构协调具有促进作用的变量有农业技术水平和农业人力资本。其中，随着农业技术水平的提高，农产品通过技术变革促进农业结构转型升级，从而向农业高质量发展迈进；农业人力资本通过教育提高劳动力的质量，提升劳动者的工作能力和技术水平，进而提高劳动生产率，推动农业发展，进一步促进农业产业结构转型和升级，为农业高质量发展注入磅礴力量。

再次，由表5-4可知，在控制变量中对产业结构协调具有促进作用的变量为单位耕地面积农业产值和交通基础设施。接下来将阐述上述控制变量对农业产业结构协调产生显著影响的内在原因。产业结构，亦称国民经济结构。单位耕地面积农业产值促进产业结构协调是由于我国农业单位耕地面积农业产值能够较好地代表我国农业经济发展水平，因此单位耕地面积农业产值能

够影响产业结构的变动。此外，产业结构优化升级是国家经济实现跨越式发展的必要途径，且非常依赖于交通基础设施。鉴于农村交通基础设施对经济发展长期持久的拉动作用，加快交通基础设施建设尤为重要。

最后，为进一步观测农业生产集聚水平的发展态势，模型（16）在模型（18）的基础上添加了生产集聚二次项。从我们研究的回归结果中可以得出，农业生产集聚水平的提高对产业结构协调具有促进作用。研究表明，无论是生产集聚一次项还是生产集聚二次项，农业生产集聚水平对产业结构协调均呈线性递增的影响趋势，即农业生产集聚水平对产业结构协调能产生集聚效应。

综上所述，农业生产集聚水平对农业产业结构协调有显著促进作用。在资源禀赋特征变量中对产业结构协调具有促进作用的变量有农业科技水平和农业人力资本，在控制变量中对产业结构协调有促进作用的变量有单位耕地面积农业产值、交通基础设施。

表 5-4　资源禀赋、生产集聚与产业结构协调回归分析结果①

名称		产业结构协调代理变量：农产品加工业产值与农业总产值之比					
		FEM		SLM		SEM	
		模型(13)	模型(14)	模型(15)	模型(16)	模型(17)	模型(18)
生产集聚	农业生产集聚一次项	0.001 4*** (5.44)	0.000 1*** (3.06)	0.001 3*** (4.76)	0.008 2*** (2.76)	0.036 3*** (6.75)	0.011 9*** (3.54)
	农业生产集聚二次项	—	0.001 0*** (4.32)	—	0.167 0*** (4.19)	—	0.038 9*** (7.39)
资源禀赋特征变量	农业劳动力数量	0.449 (0.732)	0.423 (0.173)	0.809 (0.740)	0.357 (1.131)	0.056 (1.020)	0.063* (1.760)
	农业耕地面积	0.839 (1.636)	0.097 (0.960)	0.786 (0.940)	0.203 (1.160)	0.522 (1.647)	0.558 (0.950)
	农业资本存量	0.443* (1.790)	0.470** (2.370)	0.362 (0.729)	0.439 (1.096)	0.365 (1.161)	0.397 (0.787)
	农业技术水平	0.912*** (3.650)	0.965** * (3.730)	0.531*** (3.971)	0.517*** (3.385)	0.903*** (3.295)	0.957*** (3.740)
	农业人力资本	0.765*** (6.368)	0.768*** (6.563)	0.554*** (2.970)	0.579** (2.030)	0.132*** (3.510)	0.169*** (3.460)

表 5-4(续)

名称		产业结构协调代理变量:农产品加工业产值与农业总产值之比					
		FEM		SLM		SEM	
		模型(13)	模型(14)	模型(15)	模型(16)	模型(17)	模型(18)
控制变量	单位耕地面积农业产值	0.643 6 (1.05)	0.004 6 (1.00)	0.047 8 (0.16)	0.024 2 (0.85)	0.125 0 (1.46)	0.093 0 (1.06)
	地形条件	−0.017 5*** (−4.13)	−0.017 1*** (−4.00)	−0.004 2*** (−2.83)	−0.003 0*** (−4.67)	−0.009 0*** (−3.07)	−0.007 8*** (−3.16)
	交通基础设施	0.000 8 (0.01)	0.029 5* (1.77)	0.007 1 (0.45)	0.016 4 (0.60)	0.102 0** (2.63)	0.111 0 (1.44)
常数项		0.090 0* (2.38)	0.160 0* (1.86)	0.134 6** (2.49)	0.015 4 (0.31)	0.101 2* (1.82)	0.017 1 (0.35)
回归系数 δ		—	—	0.080 5*** (3.61)	0.001 2*** (5.19)	—	—
ω		—	—	—	—	0.012 7*** (3.65)	0.000 6*** (10.89)
卡方检验	R^2	0.638	0.597	0.749	0.673	0.691	0.644
样本数/个		620					

注:① 带 *、**、*** 的数据分别表示在 10%、5%和 1%的置信水平上具有统计显著性。

② 括号内的数据为“t 检验”的统计量值,用来检验样本均值的统计显著性。

5.3.4 资源禀赋、生产集聚与产业结构协调稳健性检验

鉴于变量会受产业结构协调的多维性原因的影响,本节将使用不同衡量指标进行稳健性检验,具体指标是农林牧渔服务业产值占比,回归分析结果见表 5-5。

由表 5-5 可知,农业生产集聚的回归系数为正值,这说明农业生产集聚对产业结构协调具有显著的促进作用。回归结果与基本模型的估计结果一致。总体上,在回归结果中关键解释变量和控制变量的回归系数均为正值,与前文基本模型的估计结果一致,说明得到了基本稳健的估计结果。

表 5-5　资源禀赋、生产集聚与产业结构协调回归分析结果②

名称		产业结构协调代理变量：农林牧渔服务业产值占比					
		FEM		SLM		SEM	
		模型(19)	模型(20)	模型(21)	模型(22)	模型(23)	模型(24)
生产集聚	农业生产集聚一次项	0.001 4*** (2.77)	0.007 2*** (3.01)	0.006 7*** (4.64)	0.009 3** (2.28)	0.180 9*** (3.42)	0.105*** (3.32)
	农业生产集聚平方项	—	0.008 1*** (3.54)	—	0.021 6*** (3.08)	—	0.368 0*** (4.57)
资源禀赋特征变量	农业劳动力数量	0.635 (1. 450)	0.258* (1.783)	0.636 (0.675)	0.725 (1.341)	0.570 (1.490)	0.063* (1.760)
	农业耕地面积	0.643* (1.746)	0.735* (1.862)	0.478 (0.435)	0.319 (1.430)	0.743 (1.432)	0.565 (0.990)
	农业资本存量	0.639 (0.750)	0.644 (0.653)	0.480 (1.296)	0.439 (1.060)	0.635 (1.621)	0.467 (1.183)
	农业技术水平	1.139*** (2.990)	1.361*** (3.340)	0.816*** (3.641)	0.795*** (3.831)	0.733*** (3.955)	0.787*** (3.410)
	农业人力资本	0.852*** (4.385)	0.687*** (4.656)	0.746*** (3.540)	0.792*** (3.430)	0.742*** (3.180)	0.694*** (3.600)
常数项		0.316 9* (1.950)	0.049 1 (0.791)	0.336 0 (1.170)	0.001 8 (0.930)	0.000 1 (1.180)	1.399 0** (2.294)
回归系数 δ		—	—	2.836*** (6.25)	2.120*** (3.39)	—	—
ω		—	—	—	—	1.960*** (3.72)	0.699*** (3.70)
卡方检验	R^2	0.374	0.329	0.483	0.472	0.505	0.478
样本数/个		620					

注：① 限于篇幅，控制变量未列入表中。

② 带 *、**、*** 的数据分别表示在 10%、5%和 1%的置信水平上具有统计显著性。

③ 括号内的数据为"t 检验"的统计量值，用来检验样本均值的统计显著性。

5.4　本章小结

本章主要考查了资源禀赋、生产集聚对农业协调发展的影响程度，主要采用了城乡协调发展和产业结构协调两个关键代理变量来衡量。生产集聚水平不断提高对我国农业高质量发展中的农业协调发展起到了一定的促进作用，具体是如何产生促进效果以及最终效果如何？本章针对这个问题进行了深入的探索与研究，通过层层分析面板数据模型和空间杜宾模型以及利用省级层面面板数据进行研究，分别就资源禀赋、生产集聚对城乡协调发展和产业结构协调的影响进行了分析。

本章得出以下几个主要研究结论：

(1) 资源禀赋、生产集聚对农业协调发展具有显著的促进作用。生产集聚水平每提高 1 个单位，农业创新发展水平可提高 0.598 个单位。

(2) 农业生产集聚对农业协调发展能够产生集聚效应，且呈线性发展趋势。

(3) 通过多种计量模型的稳健性检验可知，资源禀赋、生产集聚均大大促进了农业协调发展，这也证明了选取的代理变量具有一定的解释能力。

6 资源禀赋、生产集聚与农业绿色发展研究

6.1 引　　言

上一章已验证了资源禀赋、生产集聚对农业协调发展的促进作用。接下来,本章要进一步验证资源禀赋、生产集聚对农业绿色发展的影响。绿色发展是以效率、和谐、持续为目标的经济增长和社会发展方式。党的二十大报告指出,必须牢固树立和践行绿水青山就是金山银山的理念,站在人与自然和谐共生的高度谋划发展。由此可见,坚持农业绿色发展不仅是一种选择,更是一种全人类的责任。目前,我们必须时刻贯彻习近平同志"绿水青山就是金山银山"的绿色发展理念,将这一理念深刻地融入底线思想、发展思想、转化思想的辩证逻辑中,从而促进农业高质量发展。但随着资源禀赋逐渐呈现其优势,生产集聚水平也在不断提高,二者是否对农业绿色发展具有促进作用?接下来,本章将进一步分析我国农业绿色发展的变动趋势和资源禀赋、生产集聚对农业绿色发展的影响。

本章结构安排如下:第一部分为引言,主要介绍研究目的和章节安排。第二部分为资源禀赋、生产集聚与农业绿色发展的模型设定和样本选择,并在控制外部环境前提下,通过对多种农业绿色发展形式进行变量选取,对衡量农业绿色发展的各个指标进行描述性分析;第三部分则为生产集聚与农业绿色发展各个指标的回归结果,第四部分为本章小结。

6.2 模型设定与变量选取

6.2.1 计量模型设定

本节构建了一个资源禀赋、生产集聚与绿色发展(代理变量为农业环

境保护和农业环境污染)的面板数据模型,并以全国各区域的面板数据为前提验证前文提出的假说。资源禀赋、生产集聚与农业环境污染模型设定如下:

$$E_{it}=\beta_0+\beta_1 A_{it}+\beta_2 M_{it}+\beta_3 X_{it}+\varphi_i+\varphi_t+\eta_{it} \tag{6-1}$$

式中,被解释变量 E_{it} 表示省级层面农业环境污染,代理变量用化肥施用量/播种面积和农药施用量/播种面积表示;A_{it} 表示生产集聚水平;M_{it} 表示资源禀赋特征变量,主要包含农业人力资本、劳动力数量、耕地面积等;X_{it} 表示控制变量,包括家庭可支配收入、城镇化水平、闲置农地、产业结构。

资源禀赋、生产集聚与农业环境保护模型设定如下:

$$P_{it}=\beta_0+\beta_1 A_{it}+\beta_2 M_{it}+\beta_3 N_{it}+\varphi_i+\varphi_t+\eta_{it} \tag{6-2}$$

式中,被解释变量 P_{it} 表示省级层面农业环境保护,代理变量用森林面积/土地面积和水土流失治理面积/耕地面积表示;A_{it} 表示生产集聚水平;M_{it} 表示资源禀赋特征变量;N_{it} 表示控制变量,包括家庭可支配收入、城镇化水平、闲置农地、产业结构。

6.2.2 空间计量模型

由于粮食生产具有空间相关性和空间溢出效应的特点,本书所要用到的空间计量模型主要是纳入了空间效应(空间相关性和空间差异性),即通过引入空间滞后模型和空间误差模型进行估计。

(1) 空间滞后模型

空间滞后模型主要探讨相邻地区粮食发展对当地粮食的发展空间是否有扩散现象,表达式为:

$$\ln Y_{it}=\alpha W\ln Y_{it}+\gamma\ln X_{it}+\vartheta \tag{6-3}$$

式中,Y_{it} 为被解释变量,本章内容包括农业环境污染和农业环境保护;W 为 $n\times n$ 空间权重矩阵;X_{it} 为 $n\times k$ 自变量矩阵(k 为影响因素的数量);γ 为变量回归系数;α 为反映空间依赖性的空间回归系数;$W\ln Y_{it}$ 为因变量的空间滞后项,它反映了空间距离对粮食产业的发展作用;ϑ 为随机误差项。

(2) 空间误差模型

空间误差模型用于衡量相邻地区的因变量误差对该地区观测值的影响程度,表达式为:

$$\ln Y_{it}=\gamma\ln X_{it}+\mu \tag{6-4}$$

式中，滋扰项 μ 的产生过程为：

$$Q=\tau M\mu+\vartheta \tag{6-5}$$

式中，M 为空间权重矩阵，Q 为中间变量。从这个模型可以看出，扰动项 μ 存在空间相关性。$M\mu$ 为空间滞后的误差项；τ 为空间误差系数，用来衡量误差项的空间相关程度。

6.2.3 变量设置

变量具体设置如下所述。

生产集聚水平即粮食作物的生产集聚程度，可以用区位熵指数来衡量。由于粮食生产会受自然灾害的影响，粮食作物生产集聚程度以粮食作物播种面积所占的百分比来衡量，并代入区位熵指数计算公式进行测算。在本书提出的实证过程中，粮食作物生产集聚程度通过将粮食作物的播种面积纳入区位熵方程来获取。根据研究假设，生产集聚水平这一变量预计为正值。

资源禀赋特征变量主要包括农业劳动力数量、农业耕地面积、农业资本存量、农业技术水平和农业人力资本。各变量解释如下所述。

(1) 农业劳动力数量以农业粮食生产劳动力数量表示。本书将粮食作物作为研究对象，计算出各区域实际用于种植的劳动力数量，以准确反映劳动力数量对粮食作物生产集聚水平的影响。杨勇、王跃梅采用加权因子法分离出粮食生产的投入因子，得出了粮食生产劳动力数量的计算公式，即粮食生产劳动力数量＝农林牧渔业劳动力数量×(农业产值/农林牧渔业总产值)×(谷类作物播种面积/作物播种面积)。各地区农业粮食生产劳动力数量来自《中国农业年鉴》。

(2) 农业耕地面积以粮食播种面积表示。由于使用耕地面积的回归结果误差较大，故使用粮食播种面积作为农业耕地面积的替代变量。该数据来自《中国农业年鉴》。

(3) 农业资本存量以化肥折存量表示。化肥折存量是指把氮肥、磷肥、钾肥分别按含氮、含五氧化二磷、含氧化钾的百分之百成分进行折算后的数量。该数据来自《中国农业年鉴》。

(4) 农业技术水平表示农业机械化程度，以农业机械总动力表示。本书选择的是农业机械动力投入量。该数据来自《中国农业机械工业年鉴》。

(5) 农业人力资本用当地劳动力的平均受教育年限来衡量。文盲、小学、初中、高中和大学及以上学历的劳动力平均受教育年限分别用1年、6年、9年、12年和15年代替，并按劳动力人口加权计算。该数据来自《中国统计年鉴》。

被解释变量为农业环境污染和农业环境保护。

(1) 农业环境污染用化肥施用量/播种面积表示。改革开放以来中国农村社会经济发展已取得突出成就，但是生态环境却逐渐恶化。中国村级环境污染情况的调查研究显示，我国农村生态环境正在不断恶化。中国的农村环境污染已经成为影响农业绿色发展的首要问题，同时也成为制约中国生态文明建设的瓶颈。

(2) 农业环境保护用森林面积/土地面积表示。绿色发展是农业高质量发展的一种普遍形式。推进农产品绿色生产和供应，尽可能减少农业资源消耗，加强农业环境生态保护，是农业绿色发展的基本保障。其中，减少农业资源消耗主要是通过减少单位面积的农膜使用量来实现，以此减少农业中间消耗，降低农用柴油使用强度和农作物成灾率。各地区的森林面积、土地面积来自《中国统计年鉴》。

控制变量包括家庭可支配收入、闲置农地面积、城镇化水平和产业结构。部分变量前文已经阐述，在此不再叙述。

(1) 闲置农地面积以当年耕地面积与单季农作物种植面积的差来表示。将闲置耕地面积变量引入农业污染回归模型，并预期其系数符号为负。

(2) 城镇化水平用地区城镇人口占总人口比例来衡量。城镇化水平是一个地区的城镇化程度。首先，城镇化水平反映了一个地区、一个国家或全世界居住在大、中、小城镇中的人口占城乡总人口的比例；其次，它反映了集聚程度达到称为“城镇”的居民点的数目；最后，它反映了单个城市的人口和用地规模。因此，城镇化水平是衡量区域经济发展程度的重要标志。

(3) 产业结构是以乡镇企业的工业增加值占该地区工业增加值的比例来衡量的。乡镇企业的污染排放物无疑是农村地区工业污染的一个重要来源。本书将产业结构引入农村工业污染回归模型并预期其系数符号为正。

6.2.4 样本描述性分析

前文对新发展理念下资源禀赋、生产集聚与农业绿色发展模型进行了变量选取，现对选取的样本进行描述性统计分析，具体见表 6-1。

表 6-1 资源禀赋、生产集聚与农业绿色发展样本描述性分析

名称	均值	标准差	最小值	最大值
农业生产集聚	0.98	0.12	0.36	1.52
农业劳动力数量	365.25	302.21	9.34	1 873.13
农业耕地面积	110 825.52	5 978.42	99 410.00	119 230.00
农业资本存量	5 204.43	656.94	4 124.30	6 022.60
农业技术水平	4 805.61	1 391.45	2 867.99	6 913.14
农业人力资本	2.14	0.23	1.19	2.45
家庭可支配收入	94 895.07	63 737.27	23 963.30	224 618.00
城镇化水平	48.78	8.52	34.78	62.71
闲置农地面积	48 425.33	2 061.17	43 212.00	53 005.00
产业结构	0.47	0.64	0.13	0.78

注：① 最大值为样本中最大的一个数值，最小值为样本中最小的一个数值。
② 样本数据选取时间为 2001—2020 年。

由表 6-1 可知，家庭可支配收入的均值为 94 895.07 元，距离最大值 224 618.00 还有一定差距；从家庭可支配收入的标准差可以看出，该数据变动较大，可见近年来家庭可支配收入都处于上涨趋势；从闲置农地面积均值及其标准差可以看出，当前各地区的撂荒用地面积较大；产业结构同样处于变化过程，且更加趋于规范合理。

6.3 实证回归结果

6.3.1 资源禀赋、生产集聚与农业环境污染基本回归结果

资源禀赋、生产集聚与农业绿色发展回归结果①见表 6-2。从表 6-2 可以看出，该结果通过了空间面板滞后模型 α 值和误差模型 τ 值的显著性检

验,表明粮食生产的空间联系存在空间外溢和空间依赖的现象,且均为积极作用,从而进一步说明各地区的粮食生产除了能产生空间锁定效应外,还会带动邻近地区的粮食生产,随后逐渐形成跨区域的极化效应,以此降低农业环境污染,这也意味着它可以推动农业绿色发展,而农业绿色发展是农业高质量发展的重要环节之一,可进一步推动农业高质量发展。

表 6-2 资源禀赋、生产集聚与农业绿色发展回归分析结果①

名称		农业环境污染代理变量:化肥施用量/播种面积					
		FEM		SLM		SEM	
		模型(1)	模型(2)	模型(3)	模型(4)	模型(5)	模型(6)
生产集聚	农业生产集聚一次项	−0.282 0*** (−4.76)	0.261 5*** (3.29)	0.600 7*** (10.13)	−0.325 2*** (−2.65)	−0.001 4*** (−3.69)	−0.239 6** (−2.17)
	农业生产集聚二次项	—	0.499 5*** (7.86)	—	−0.213 1*** (−3.52)	—	−0.197 0*** (−2.99)
资源禀赋	农业劳动力数量	0.418 6** (2.17)	0.088 1*** (4.74)	0.799 4*** (4.45)	0.795 5*** (3.21)	0.214 5*** (4.40)	0.205 2*** (3.86)
	农业耕地面积	0.063*** (3.37)	0.112*** (4.39)	0.859** (2.06)	0.669* (1.75)	0.030 (0.75)	0.669 (1.19)
	农业资本存量	−0.035 (−1.29)	0.080*** (3.64)	−0.157 (−0.12)	−0.017 (−1.62)	−1.260** (−2.20)	−2.220*** (−3.78)
	农业技术水平	0.198*** (4.22)	0.028 (0.77)	2.820** (2.01)	0.001** (2.48)	0.060 (0.76)	0.270*** (3.87)
	农业人力资本	0.360 1*** (7.13)	0.311 9*** (7.08)	0.331 6*** (2.64)	0.324 0*** (5.76)	0.377 0*** (4.84)	0.487 0*** (7.39)
控制变量	家庭可支配收入	0.000 3 (0.65)	0.078 0 (0.24)	0.099 0 (0.72)	0.009 6 (0.98)	0.208 2 (0.53)	0.000 1 (0.06)
	城镇化水平	−0.000 03 (−1.59)	−0.009 80 (−0.78)	−0.000 10 (−1.61)	−0.000 10 (−0.32)	−0.000 60 (−1.36)	−0.000 60 (−1.27)
	闲置农地面积	−0.224 5*** (−4.78)	−0.020 4*** (−3.22)	−0.029 0** (−2.48)	−0.001 7*** (−4.07)	−0.208 2*** (−3.53)	−0.000 1*** (−3.06)
	产业结构	0.360 1*** (7.13)	0.311 9*** (7.08)	0.331 6*** (2.64)	0.327 7*** (5.77)	0.307 7*** (4.84)	0.487 7*** (7.39)

表 6-2(续)

名称		农业环境污染代理变量:化肥施用量/播种面积					
		FEM		SLM		SEM	
		模型(1)	模型(2)	模型(3)	模型(4)	模型(5)	模型(6)
常数项		−0.000 2 (−1.24)	0.005 3 (0.64)	0.305 9* (1.81)	0.001 1 (0.89)	0.089 9 (0.86)	0.000 6 (0.69)
回归系数 α		—	—	0.000 3*** (3.65)	0.078 0*** (4.24)	—	—
τ		—	—	—	—	0.099 0*** (4.72)	0.009 6*** (4.98)
卡方检验	R^2	0.746	0.769	0.748	0.685	0.703	0.746
样本数/个		620					

注:① 带*、**、***的数据分别表示在10%、5%和1%的置信水平上具有统计显著性。

② 括号内的数据为“t 检验”的统计量值,用来检验样本均值的统计显著性。

首先,由表6-2空间滞后模型的回归结果可知,农业生产集聚的回归系数为正,且在1%的水平上显著,说明生产集聚水平的上升可以显著降低农业环境污染,促进农业绿色发展,为农业高质量发展营造良好环境。农业生产集聚对降低农业环境污染有积极作用,主要体现在农业生产集聚能够集中使用农作物机械等,从而达到降低环境污染的目的。

其次,从资源禀赋特征变量回归结果来看,农业资源存量对农业环境污染具有负向影响,这是由于农户现有资金越多,选择资本替代劳动力的可能性越大,就会更多地选用农药化肥以达到稳产的目的,因此农业资本存量对农业绿色发展具有正向影响。随着农民受教育程度的不断提高,农户对我国农业环境的保护意识也逐渐加强,逐渐重视农业环境保护,这使得农业人力资本对农业环境污染有显著的负向影响。农业人力资本的增加能够减缓农业环境污染的程度,在某种程度上增强农业绿色发展意识,提高周围农户农业绿色发展水平,为农业高质量发展奠定基础。

再次,在控制变量中产业结构对农村环境污染具有显著的正向影响，这说明了企业大型设备的污染排放会加剧农业环境污染。同时，闲置农地面积在控制变量中是对农业环境污染具有阻碍作用的变量，它对农业环境污染具有显著的负向影响，这说明虽然闲置农地造成了土地的资源浪费，但是从另外一个角度来看，闲置农地越多，农村生态环境建设与改善的空间越大，可农业绿色发展不是依靠闲置农地发展的。从经济学角度来看，闲置农地对资源本身就是一种浪费，因此，应提高土地的使用效率。

最后，本书为了更深入地观测农业生产集聚水平的发展趋势，模型(4)在基础模型的背景下还加入了农业生产集聚二次项。由表 6-2 可以看出，农业生产集聚水平的提高对降低农业环境污染具有促进作用，呈线性递减趋势。最终结果表明，农业生产集聚水平对降低农业环境污染能产生集聚效应。

综上所述，提高农业生产集聚水平对降低农业环境污染有显著的促进作用。在资源禀赋特征变量中，农业人力资本对减缓农业环境污染具有促进作用；在控制变量中，产业结构对农村环境污染具有显著的正向影响，同时闲置农地面积是对农业环境污染具有阻碍作用的变量。

6.3.2 资源禀赋、生产集聚农业环境污染稳健性检验

本节将对农业环境污染采取不同的衡量指标进行稳健性检验，具体用农药施用量/播种面积来表示农业环境污染，回归分析结果见表 6-3。本部分的模型设定和估计方法都与前文保持一致。

表 6-3 资源禀赋、生产集聚与农业绿色发展回归分析结果②

名称		农业环境污染代理变量：农药施用量/播种面积					
		FEM		SLM		SEM	
		模型(7)	模型(8)	模型(9)	模型(10)	模型(11)	模型(12)
生产集聚	农业生产集聚一次项	−0.005 4*** (−4.48)	−0.0050*** (−4.04)	−0.004 6*** (−2.75)	−0.003 0** (−2.11)	−0.000 6** (−2.34)	−0.005 4*** (−4.48)
	农业生产集聚二次项	—	−2.183*** (−4.20)	—	−0.014*** (−2.47)	—	−0.268*** (−4.88)

表 6-3(续)

名称		农业环境污染代理变量:农药施用量/播种面积					
		FEM		SLM		SEM	
		模型(7)	模型(8)	模型(9)	模型(10)	模型(11)	模型(12)
资源禀赋	农业劳动力数量	−0.146* (−1.74)	−0.182 (−0.74)	−0.987 (−0.45)	−0.954 (−0.52)	−0.425 (−1.40)	−0.502 (−0.68)
	农业耕地面积	0.384*** (3.668)	0.412*** (4.390)	0.589** (2.310)	0.636** (1.975)	0.326** (2.153)	0.669** (2.152)
	农业资本存量	−1.736*** (−3.279)	−1.834*** (−3.645)	−1.589*** (−3.212)	−1.014* (−1.690)	−1.692** (−2.140)	−1.849*** (−3.836)
	农业技术水平	−0.364 (−0.224)	−0.283 (−0.487)	−0.820** (−2.120)	−0.001** (−2.232)	−0.006** (−2.263)	−0.042*** (−3.290)
	农业人力资本	0.613*** (4.394)	0.644*** (4.075)	0.434*** (5.413)	0.426*** (5.564)	0.736*** (4.534)	0.867*** (4.339)
常数项		−0.744 (−1.28)	0.020 (0.83)	−0.337 (−0.68)	0.102*** (2.81)	0.449 (0.98)	0.020** (1.99)
回归系数 α		—	—	0.252 9*** (3.27)	0.001 2*** (2.83)	—	—
τ		—	—	—	—	0.007 0*** (3.02)	0.000 8*** (4.01)
卡方检验	R^2	0.648	0.746	0.698	0.663	0.692	0.635
样本数/个		620					

注:① 限于篇幅,控制变量未列入表中。

② 带 *、**、*** 的数据分别表示在 10%、5%和 1%的置信水平上具有统计显著性。

③ 括号内的数据为“t 检验”的统计量值,用来检验样本均值的统计显著性。

由表 6-2 和表 6-3 可知,在农业环境污染的指标衡量方面,无论代理变量是化肥施用量/播种面积,还是农药施用量/播种面积,农业生产集聚的系数均为负。由此可知,农业生产集聚对农业环境污染具有显著的负向影响,与基本模型的估计结果一致。总体上,回归结果中变量系数均为正值,与基本模型的估计结果一致,这表明本书检验的估计结果是稳健的。

6.3.3 资源禀赋、生产集聚与农业环境保护基本回归结果

资源禀赋、生产集聚与农业绿色发展回归分析结果③见表6-4。从表6-4可以看出，空间滞后模型回归系数 α 值和空间误差模型 τ 值均通过了显著性检验，这表明粮食生产的空间联系不但具有空间锁定效应，还能更好地带动周边地区的粮食生产，从而形成跨区域的极化效应，加强农业环境保护，这也意味着农业绿色发展水平得到进一步提升，为农业高质量发展提供保障。

首先，空间滞后模型的分析结果显示，农业生产集聚水平的回归系数为正，且在1%的水平上显著，这表明生产集聚水平的上升对加强农业环境保护有显著的促进作用，且生产集聚水平每提高1%，农业环境保护程度就会提高0.135%。这说明我国生产集聚水平上升的效果符合产业集聚理论和新经济地理理论带来的集聚效应，也验证了前文假说。

其次，在资源禀赋特征变量中，对农业环境保护具有促进作用的变量有农业劳动力数量、农业科技水平和农业人力资本。农业劳动力数量对农业环境保护具有促进作用是因为在化肥、农药使用方面，农业劳动力数量越多，农户采购化肥、农药的量越小，越愿意使用保护性耕作。农业人力资本对农业环境保护具有促进作用是因为务农人员普遍受教育程度低时，其运用的生产经营模式就较为基础，进而导致对环境的污染相对严重；如果务农人员普遍受教育程度较高，就更能够意识到环境保护的重要性，从而促进对农业生态环境的保护，间接推动农业高质量发展。

再次，在控制变量中，对农业环境保护具有促进作用的变量有城镇化水平、闲置农地面积等。城镇化水平的提高能促进对农业环境的保护，伴随城镇化的快速推进，城镇化能够为农业环境保护提供技术支持；而加强闲置农地环境保护是可以降低对农业生态环境的破坏。

最后，为进一步观测农业生产集聚水平的发展趋势，模型(16)加入了生产集聚二次项。从表6-4可以看出，农业生产集聚水平与农业环境保护程度呈线性递增关系。这表明，农业生产集聚水平的提高对农业环境保护具有促进作用。

表 6-4　资源禀赋、生产集聚与农业绿色发展回归分析结果③

名称		农业环境保护代理变量:森林面积/土地面积					
		FEM		SLM		SEM	
		模型(13)	模型(14)	模型(15)	模型(16)	模型(17)	模型(18)
生产集聚	农业生产集聚一次项	0.246*** (2.99)	0.041*** (2.72)	0.135*** (3.62)	0.164*** (2.78)	0.131*** (3.28)	0.159*** (2.87)
	农业生产集聚二次项	—	0.360*** (6.07)	—	0.168*** (4.47)	—	0.257*** (4.82)
资源禀赋特征变量	农业劳动力数量	0.647** * (3.91)	0.618*** (3.46)	0.974*** (3.45)	0.565*** (3.27)	0.451*** (3.48)	0.532*** (3.65)
	农业耕地面积	0.663*** (3.37)	0.625** (2.34)	0.525** (1.98)	0.465* (1.76)	0.335 (1.56)	0.463 (1.27)
	农业资本存量	0.198*** (3.34)	0.144*** (3.27)	0.611 (0.22)	0.236 (0.80)	1.365 (0.20)	1.22 (0.87)
	农业技术水平	0.575*** (2.94)	0.528*** (2.68)	0.082*** (4.01)	0.081** (2.17)	0.060* (1.78)	0.070*** (2.85)
	农业人力资本	0.251*** (4.16)	0.653*** (3.28)	0.344*** (3.46)	0.324*** (3.67)	0.371*** (3.21)	0.435*** (3.39)
控制变量	家庭可支配收入	0.069 (1.06)	0.095 (1.17)	0.069 (1.33)	0.008 (1.34)	0.024 (0.18)	0.083** (2.34)
	城镇化水平	0.000 1* (1.82)	0.003 0*** (3.64)	0.047 0* (1.77)	0.018 0 (1.17)	0.000 8* (1.81)	0.010 0* (1.78)
	闲置农地面积	0.259*** (5.75)	0.133** (2.00)	0.194*** (4.15)	0.178*** (4.18)	0.004** (2.11)	0.010** (2.21)
	产业结构	−1.524** (−2.59)	−2.401*** (−14.09)	−2.187*** (−8.40)	−0.516** (−2.29)	−0.024** (−2.06)	−0.006*** (−4.60)
常数项		−0.015*** (−2.80)	−0.039* (−1.91)	0.016** (2.08)	0.071 (1.10)	0.086* (1.66)	0.061* (1.93)
回归系数 α		—	—	0.031*** (2.97)	0.026*** (3.38)	—	—
τ		—	—	—	—	0.589*** (11.65)	1.260*** (5.41)
卡方检验	R^2	0.816 5	0.712 4	0.815 9	0.879 7	0.733 9	0.778 4
样本数/个		620					

注:① 带*、**、***的数据分别表示在10%、5%和1%的置信水平上具有统计显著性。

② 括号内的数据为"t检验"的统计量值,用来检验样本均值的统计显著性。

综上所述，在资源禀赋特征变量中对农业环境保护具有促进作用的变量有农业人力资本，在控制变量中对农业环境保护具有促进作用的变量有城镇化水平、闲置农地面积。

6.3.4 资源禀赋、生产集聚与农业环境保护稳健性检验

本节采用多种衡量标准对农业环境保护进行稳健性检验，具体是将农业环境保护用水土流失治理面积/耕地面积来表示，见表 6-5。由表 6-4 和表 6-5 可知，在农业环境保护的指标衡量方面，无论代理变量是森林面积/土地面积，还是水土流失治理面积/耕地面积，农业生产集聚的回归系数均显著为正。由此可得，农业生产集聚和资源禀赋均对农业环境保护具有显著的促进作用，与基本模型的估计结果一致。总体上，回归结果中变量系数均为正值，与基本模型中的估计结果保持一致，这表明该检验的估计结果是稳健的。

表 6-5 资源禀赋、生产集聚与农业绿色发展回归分析结果④

名称		农业环境保护代理变量:水土流失治理面积/耕地面积					
		FEM		SLM		SEM	
		模型(19)	模型(20)	模型(21)	模型(22)	模型(23)	模型(24)
生产集聚	农业生产集聚一次项	0.111*** (4.86)	0.110** (2.15)	0.263** (2.49)	0.095** (1.98)	0.001*** (7.43)	0.854** (2.12)
	农业生产集聚二次项	—	0.028*** (3.69)	—	0.351** (2.26)	—	0.025*** (3.41)
资源禀赋特征变量	农业劳动力数量	0.332** (2.341)	2.188*** (3.311)	0.150** (2.363)	0.021 (0.283)	0.007 (1.631)	0.008 (1.030)
	农业耕地面积	0.295* (1.854)	−0.433** (−2.166)	0.001 (1.262)	−0.000 (−0.273)	0.000 (0.895)	0.000 (0.579)
	农业资本存量	0.218 (0.140)	0.300 (0.306)	0.135*** (2.758)	0.028 (0.585)	0.003 (0.593)	0.004 (0.760)
	农业技术水平	0.517*** (3.081)	0.188*** (3.051)	0.118*** (3.626)	0.143*** (3.469)	0.010*** (3.510)	0.008*** (3.249)
	农业人力资本	0.501* (1.731)	0.039*** (3.216)	0.432*** (2.695)	0.003 (0.022)	0.015 (0.957)	0.011 (0.402)

表 6-5(续)

名称		农业环境保护代理变量:水土流失治理面积/耕地面积					
		FEM		SLM		SEM	
		模型(19)	模型(20)	模型(21)	模型(22)	模型(23)	模型(24)
回归系数 α		—	—	0.155*** (3.97)	0.497*** (5.51)	—	—
τ		—	—	—	—	0.260 6*** (3.08)	0.018 6*** (2.94)
卡方检验	R^2	0.669	0.623	0.629	0.667	0.692	0.584
样本数/个		620					

注:① 限于篇幅,控制变量未列入表中。

② 带 *、**、*** 的数据分别表示在 10%、5%和 1%的置信水平上具有统计显著性。

③ 括号内的数据为"t 检验"的统计量值,用来检验样本均值的统计显著性。

6.4 本章小结

本章的分析主要考查了资源禀赋、生产集聚对农业绿色发展的影响程度,主要采用了农业环境污染和农业环境保护两个关键代理变量。资源禀赋逐渐呈现其优势和生产集聚水平的不断提高,对我国农业高质量发展中的农业绿色发展具有一定的促进作用。本章进一步对该促进效果进行了深入探索,分别分析了生产集聚对农业环境污染和农业环境保护的影响。

本章得出以下几个主要研究结论:

(1) 生产集聚对我国农业绿色发展中农业环境污染具有显著的抑制作用,且生产集聚对我国农业绿色发展中农业环境污染的影响在其二次项上呈线性递减趋势。

(2) 资源禀赋、生产集聚对我国农业绿色发展中的农业环境保护具有显著的促进作用,且在生产集聚二次项上呈线性递增趋势。生产集聚无论是一次项还是二次项对农业绿色发展均能产生集聚效应和长期效应。

(3) 通过多种计量模型的稳健性检验可知,资源禀赋优势和生产集聚水平的提高均促进了农业绿色发展,也证明了本章选取的代理变量具有一定的解释能力。

7 资源禀赋、生产集聚与农业开放发展研究

7.1 引 言

上一章已验证了资源禀赋、生产集聚对农业绿色发展的促进作用，接下来，本章要进一步验证资源禀赋、生产集聚对农业开放发展的影响。对外开放是推动我国经济社会发展的重要动力，以开放促改革、促发展是我国发展不断取得新成就的重要法宝。要形成农业高质量发展新格局，开放发展是必不可少的发展路径，只有在开放式发展的条件下，增强主体竞争意识，引进和借鉴其他国家的先进技术和经验，才能更好地享受要素资源分配以及体现农业区域优势的特点，从而形成农业高质量发展新格局[53]。本章将对我国农业开放发展的变动趋势和资源禀赋、生产集聚对农业开放发展的影响一探究竟。

本章结构安排如下：第一部分为引言，主要介绍了研究目的和章节安排；第二部分为资源禀赋、生产集聚与农业开放发展的模型设定和样本选择，并在控制外部环境前提下，对多种农业开放发展形式进行变量选取，对衡量开放发展的各个指标进行描述性分析；第三部分为资源禀赋、生产集聚与农业开放发展各指标的回归结果和稳健性检验；第四部分为本章小结。

7.2 模型设定与变量选取

7.2.1 基本回归模型

本章构建了一个资源禀赋、生产集聚与农业开放发展的面板数据模型，

然后使用面板数据模型分别就资源禀赋、生产集聚水平对农业国际开放程度和农业市场化率的影响进行估计，并用全国各区域面板数据验证前文提出的假说。

资源禀赋、生产集聚与农业国际开放程度模型设定如下：

$$\ln P_{it}=\beta_0+\beta_1\ln A_{it}+\beta_2\ln M_{it}+\beta_3\ln X_{it}+\varphi_i+\varphi_t+\eta_{it} \tag{7-1}$$

式中，被解释变量 P_{it} 表示省级层面农业国际开放程度。本章选择 31 省（自治区、直辖市）作为样本地区，A_{it} 表示生产集聚水平；M_{it} 表示资源禀赋特征变量；X_{it} 表示控制变量，包括国际贸易逆差、农产品进口依存度、农产品出口依存度、农产品进口额、农产品出口额、农产品进口额与农业总产值之比、农产品出口额与农业总产值之比。

资源禀赋、生产集聚水平与农业市场化率模型设定如下：

$$\ln G_{it}=\beta_0+\beta_1\ln A_{it}+\beta_2\ln M_{it}+\beta_3\ln N_{it}+\varphi_i+\varphi_t+\eta_{it} \tag{7-2}$$

式中，被解释变量 G_{it} 表示省级层面农业市场化率；A_{it} 表示生产集聚水平；M_{it} 表示资源禀赋特征变量；N_{it} 表示控制变量，包括土地流转率、主要农产品商品率、单位产值涉农贷款余额、劳动力非农就业比例。

7.2.2 空间计量模型

因粮食生产具有空间相关性和空间溢出效应的特点，故本章所要用到的空间计量模型主要纳入了空间效应（空间相关性和空间差异性），即通过引入空间滞后模型和空间误差模型进行估计。

（1）空间滞后模型

空间滞后模型主要探讨相邻地区的粮食发展对当地粮食的发展空间是否有扩散作用，表达式为：

$$\ln Y_{it}=\lambda W\ln Y_{it}+\sigma\ln X_{it}+\varepsilon \tag{7-3}$$

式中，Y_{it} 为被解释变量，本章内容包括农业国际开放程度和农业市场化率；W 为 $n\times n$ 空间权重矩阵；X_{it} 为 $n\times k$ 自变量矩阵（k 为影响因素的数量）；σ 为变量回归系数；λ 为反映空间依赖性的空间回归系数；$W\ln Y_{it}$ 为因变量的空间滞后项，反映空间距离对粮食产业的发展作用；ε 为随机误差项。

（2）空间误差模型

空间误差模型用于衡量相邻省份或地区的因变量误差对该地区观测值的影响程度，表达式为：

$$\ln Y_{it} = \sigma \ln X_{it} + \mu \tag{7-4}$$

式中，滋扰项 μ 可由下式计算：

$$G = \varphi M\mu + \varepsilon \tag{7-5}$$

式中，M 为空间权重矩阵；G 为中间变量。从这个模型可以看出，扰动项 μ 存在空间相关性。$M\mu$ 为空间滞后的误差项；φ 为空间误差系数，用来衡量误差项的空间相关程度。

7.2.3 变量设置

变量具体设置如下所述。

生产集聚水平即粮食作物的生产集聚程度，可以用区位熵指数来衡量。由于粮食生产会受自然灾害的影响，粮食作物生产集聚程度以粮食作物播种面积所占的百分比来衡量，并代入区位熵指数计算公式进行测算。在本书提出的实证过程中，粮食作物生产集聚程度通过将粮食作物的播种面积纳入区位熵方程来获取。根据研究假设，生产集聚水平这一变量预计为正值。

资源禀赋特征变量主要包括农业劳动力数量、农业耕地面积、农业资本存量、农业技术水平和农业人力资本。各变量解释如下。

(1) 农业劳动力数量以农业粮食生产劳动力的数量表示。将粮食作物作为研究对象，计算出各地区实际用于生产的劳动力数量，以准确反映劳动力数量对粮食作物生产集聚的影响。杨勇、王跃梅采用加权因子法分离出粮食生产的投入因子，得出了粮食生产劳动力数量的计算公式，即粮食生产劳动力数量＝农林牧渔业劳动力数量×(农业产值/农林牧渔业总产值)×(谷物播种面积/作物播种面积)。各地区粮食生产劳动力数量来自《中国农业年鉴》。

(2) 农业耕地面积以粮食播种面积表示。由于使用耕地面积的回归结果会有差异，最终使用各地区的粮食播种面积作为农业用耕地面积的替代变量。该数据来自《中国农业年鉴》。

(3) 农业资本存量以化肥折存量表示。该数据来自《中国农业年鉴》。

(4) 农业技术水平表示农业机械化程度，以农业机械总动力表示。本书选择的是农业机械动力投入。该数据来自《中国农业机械工业年鉴》。

(5) 农业人力资本用当地劳动力的平均受教育年限来衡量，文盲、小学、初中、高中和大学及以上学历的劳动力平均受教育年限，分别用1年、6年、9年、12年和15年代替，并按劳动力人口加权计算。该数据来自《中国统计年鉴》。

被解释变量为农业国际开放程度和农业市场化率。

(1) 农业国际开放程度分别用农产品进口依存度和出口依存度表示。农产品进出口依存度分别用农产品进出口总额占国民生产总值(GNP)或国内生产总值(GDP)的比例表示。对外贸易依存度反映一个国家对国际市场的依赖程度，是衡量该国家对外开放程度的重要指标，因此农产品进口依存度会对国际开放产生影响。农产品进口额用从国外向国内进口货物的总值表示。农产品出口额用从国内向国外出口货物的总值表示。该类数据来源于《中国农产品进出口月度统计报告》。

(2) 农业市场化率分别用主要农产品商品率和土地流转率表示。农产品商品率一般按商品产量与农业总产量的比率或商品总产值与农业总产值计算。土地流转率用土地使用权已流转的土地面积除以土地总面积表示。该类数据来源于《中国统计年鉴》。

控制变量包括的内容较多，具体设置如下所述。部分变量前文已经阐述，在此不再叙述。

(1) 经济开放度用地区进出口总额占GDP的比例来反映该地区的经济开放度水平。

(2) 城镇化水平用地区城镇人口占该地区总人口的比例来衡量，数据来源于《中国统计年鉴》。城镇化水平是一个地区的城镇化程度。首先，城镇化水平反映了一个地区、一个国家或全世界居住在大、中、小城镇中的人口占城乡总人口的比例；其次，它反映了集聚程度达到称为“城镇”的居民点的数目；最后，它反映了单个城市的人口和用地规模。因此，城镇化水平是衡量区域经济发展程度的重要标志。

(3) 国际市场农产品价格用国际市场农产品价格定基指数(1998年=100)的对数值表示。该数据来源于《中国农产品贸易发展报告》。

(4) 人民币对美元的汇率用人民币对美元汇率的对数值表示。

(5) 农业生产资料价格用国内农业生产资料价格定基指数(1998 年=100)的对数值表示。

(6) 财政支农支出用以 1998 年不变价格表示的农村人均财政支农支出(元)的对数值表示。该数据来源于《中国统计年鉴》

(7) 中国人口数量用各省(自治区、直辖市)人口数量之和表示。该数据来源于《中国统计年鉴》。

7.2.4 样本描述性分析

上文对新发展理念下资源禀赋、生产集聚与农业开放发展模型进行了变量选取,现对选取的样本进行描述性统计分析,具体见表 7-1。

表 7-1 资源禀赋、生产集聚与农业开放发展样本描述性分析

变量名称	均值	标准差	最小值	最大值
农业生产集聚	0.98	0.12	0.36	1.52
农业劳动力数量	365.25	302.21	9.34	1 873.13
农业耕地面积	110 825.52	5 978.42	99 410.00	119 230.00
农业资本存量	5 204.43	656.94	4 124.30	6 022.60
农业技术水平	4 805.61	1 391.45	2 867.99	6 913.14
农业人力资本	2.14	0.23	1.19	2.45
经济开放度	47.76	12.34	31.99	69.80
农业生产资料价格	104.75	5.26	97.02	116.57
城镇化水平	48.78	8.52	34.78	62.71
国际市场农产品价格	0.39	0.56	0.07	0.98
人民币对美元的汇率	0.14	0.02	0.12	0.16
财政支农支出	13 172.21	6 129.43	3 404.70	22 862.80
中国人口数量	133 658.51	4 627.12	125 786.00	141 008.00

注:① 最大值为样本中最大的一个数值,最小值为样本中最小的一个数值。

② 样本数据选取时间为 2001—2020 年。

由该表经济开放度的均值和标准差可以看出,2001—2020 年我国各地区的经济开放度已有较大幅度提升,经济开放度的均值与其最大值差 22.04,但仅比最小值 31.99 高 15.77;财政支农支出每个地区都处于较高水平。

7.3 实证回归结果

7.3.1 资源禀赋、生产集聚与农业国际开放程度回归分析

资源禀赋、生产集聚与农业国际开放回归分析结果①见表7-2。从表7-2可以看出，空间面板滞后模型的 λ 值和误差模型的 φ 值均通过了显著性检验，说明粮食生产的空间联系存在空间锁定效应，且都呈现显著的正向影响效果，表明由于各地区的粮食生产与周边地区社会环境相似，粮食生产会产生跨区域的极化效应，从而加大我国农业开放程度[54]。农业开放程度是推动农业高质量发展的一个重要因素，随着农业开放程度的不断提升，农业高质量发展也不断得到推动。

表7-2 资源禀赋、生产集聚与农业国际开放程度回归分析结果①

名称		农业国际开放程度代理变量:农产品进口依存度					
		FEM		SLM		SEM	
		模型(1)	模型(2)	模型(3)	模型(4)	模型(5)	模型(6)
生产集聚	农业生产集聚一次项	0.019*** (3.50)	0.203** (2.25)	0.079*** (3.05)	0.195** (2.10)	0.535*** (3.20)	0.729*** (2.67)
	农业生产集聚二次项	—	−0.331*** (−7.16)	—	−0.012 (−0.42)	—	−0.065 (−0.23)
资源禀赋特征变量	农业劳动力数量	0.373 (0.762)	0.354 (0.520)	−0.236 (−0.887)	−0.464 (−0.632)	−0.376 (−0.890)	−0.179 (−0.260)
	农业耕地面积	−0.478*** (−2.685)	−0.463*** (−2.697)	−0.495*** (−3.233)	−0.518** (−1.990)	−0.306 (−1.486)	−0.463 (−1.579)
	农业资本存量	−0.189* (−1.743)	−0.467 (−0.780)	−0.044 (−0.490)	−0.670 (−0.970)	0.065 (0.139)	0.437 (0.263)
	农业技术水平	−0.468*** (−3.306)	−0.238*** (−3.227)	−0.302*** (−5.794)	−0.384*** (−5.349)	−1.473*** (−5.238)	−1.387*** (−5.866)
	农业人力资本	0.335*** (2.943)	0.473*** (3.246)	0.380** (2.325)	0.382** (2.364)	0.774** (2.281)	0.739** (2.154)

表 7-2(续)

名称		农业国际开放程度代理变量:农产品进口依存度					
		FEM		SLM		SEM	
		模型(1)	模型(2)	模型(3)	模型(4)	模型(5)	模型(6)
控制变量	经济开放度	0.194*** (4.87)	0.206*** (5.00)	0.391*** (7.10)	0.373*** (7.31)	0.293** (2.49)	0.177** (2.55)
	农业生产资料价格	0.714*** (3.47)	0.687*** (3.40)	0.314*** (4.16)	0.367*** (3.87)	0.561*** (3.90)	0.250*** (2.79)
	城镇化水平	0.015* (1.82)	0.018** (2.39)	0.197** (2.11)	0.050** (2.15)	0.033* (1.82)	0.034*** (3.80)
	国际市场农产品价格	0.354** (2.07)	0.060* (1.78)	0.073*** (2.67)	0.120*** (3.57)	0.263** (2.18)	0.427*** (3.30)
	人民币对美元的汇率	0.090* (1.90)	0.506* (1.71)	0.063** (2.14)	0.285*** (5.50)	0.013*** (6.54)	0.081*** (7.67)
	财政支农支出	0.393*** (11.70)	0.459*** (7.39)	0.581*** (8.93)	0.234*** (3.04)	0.368*** (4.09)	0.204*** (3.56)
	中国人口数量	0.996*** (3.09)	0.551** (2.26)	0.929*** (3.28)	0.582*** (3.26)	0.845*** (5.01)	0.787*** (3.51)
常数项		−1.204 (−1.42)	−0.074 (−0.08)	0.207*** (5.83)	0.047 (1.44)	0.130 (0.48)	0.494** (2.34)
回归系数 λ		—	—	0.042 7*** (5.71)	0.035 3*** (6.63)	—	—
φ		—	—	—	—	0.006 4*** (22.06)	0.001 4*** (5.44)
卡方检验	R^2	0.556 4	0.494 5	0.503 9	0.473 3	0.457 4	0.587 0
样本数/个		620					

注:① 带 *、**、*** 的数据分别表示在 10%、5%和 1%的置信水平上具有统计显著性。

② 括号内的数据为“t 检验”的统计量值,用来检验样本均值的统计显著性。

首先,SLM 的分析结果显示,农业生产集聚水平的回归系数为正,且在 1%的水平上显著,表明农业生产集聚水平的提升对农业国际开放程度的提高有显著促进作用。粮食作物生产集聚对农业国际开放程度的影响路径表现为两个方面:一方面,增加农业对外开放和农产品产销各个阶段的资金投入,利用集聚效应培育主导产业新品种,保证农产品质量,同时,加大外资对农业对外开放的支持力度,优化产业结构;另一方面,与政府、企业等相关组织进行合作,加强国际资源与当地农业生产系统的有效结合,促进产品质量改进和创新,推动国际农业发展,进而提高国际开放程度,促进农业开放发展,为农业高质量发展奠定基础[55]。

其次,在资源禀赋特征变量中,对农业国际开放具有促进作用的变量有农业人力资本和农业技术水平。前者是因为农民素质的提高会让农民对农产品国际贸易有更深入的了解,更乐于参加农产品国际贸易,更易于开展农产品国际贸易,而农产品国际贸易量的提升会促进农业国际开放,使农业国际开放程度不断提高,间接地推动农业高质量发展。而农业技术水平与农业国际开放程度呈负相关关系,即我国农业技术水平越高,受制于国外农业技术的限制越少,我国农业产量和质量就会显著提升,农业高质量发展的潜力就越来越大[56]。

再次,在控制变量中对农业国际开放具有促进作用的变量有经济开放度、农业生产资料价格、城镇化水平、国际市场农产品价格、人民币对美元的汇率、财政支农支出等。接下来将阐述上述控制变量对农业国际开放产生显著影响的内在原因。提高经济开放度能促进农业国际开放程度的提高是因为地区经济开放度的提高有助于促进农产品贸易发展。农业生产资料价格影响农业国际开放程度是因为国内农业生产资料价格的上涨会造成农产品价格的上涨,企业会根据自身利益选择进口价格相对较低的农产品;提高国际市场农产品价格能促进农业国际开放程度提高的原因在于中国进口的农产品大多是资源密集型农产品,对国际市场的依存度较高。提高财政支农支出可以促进农业国际开放程度的提高是因为农业财政支持具有较强的刺激出口作用。增加中国人口数量能促进农业国际开放程度的提高则是因为中国人口数量的增加有利于扩大市场规模,促进国际经济发展。

最后,为进一步观测农业生产集聚水平的发展趋势,在模型(4)加入了农业生产集聚二次项。从回归结果可以看出,随着生产集聚水平的提高,生产集聚二次项与农业国际开放程度之间呈“倒 U”形关系(“倒 U”形关系是非线性关系中较为常见的一种关系),农业生产集聚水平的提高对农业国际开放程度的提高在生产集聚一次项上具有促进作用,农业生产集聚水平对农业国际开放程度的影响呈线性递增趋势。结果表明,农业生产集聚对农业国际开放能产生集聚效应,但在生产集聚二次项上农业生产集聚水平对农业国际开放程度的影响呈线性递减趋势,即农业生产集聚达到一定程度后,农业国际开放程度会呈下降趋势,即集聚现象中的拥堵效应。

综上所述,农业生产集聚水平对农业国际开放程度的影响呈线性递增趋势,而在生产集聚二次项上呈线性递减趋势,即农业生产集聚达到一定程度后,农业国际开放程度会呈下降趋势[57]。在资源禀赋特征变量中,对农业国际开放具有促进作用的变量有农业人力资本和农业技术水平;在控制变量中对农业国际开放具有促进作用的变量有经济开放度、农业生产资料价格、城镇化水平、国际市场农产品价格、人民币对美元的汇率、财政支农支出等。

7.3.2 资源禀赋、生产集聚与农业国际开放稳健性检验

本节将对农业国际开放采用不同的代理变量进行稳健性检验,具体是将农业国际开放以农产品出口依存度这个代理变量来表示。表 7-3 为稳健性检验的估计结果。

表 7-3 资源禀赋、生产集聚与农业国际开放回归分析结果②

名称		农业国际开放代理变量:农产品出口依存度					
		FEM		SLM		SEM	
		模型(7)	模型(8)	模型(9)	模型(10)	模型(11)	模型(12)
生产集聚	农业生产集聚一次项	0.011 9***	0.000 1	0.038 9***	0.252 9	0.000 6***	0.011 2
		(3.54)	(0.10)	(7.39)	(1.27)	(2.58)	(0.04)
	农业生产集聚二次项	—	0.003 1***	—	0.060 4***	—	0.025 1***
			(2.65)		(4.75)		(3.12)
资源禀赋特征变量	农业劳动力数量	0.825	0.946	0.003	0.004	0.041	0.336*
		(0.414)	(0.415)	(0.670)	(0.830)	(0.779)	(1.817)
	农业耕地面积	−0.076	−0.023	0.018	0.001	−0.001	−0.006
		(−0.782)	(−0.889)	(0.973)	(1.189)	(−0.732)	(−1.376)
	农业资本存量	0.048***	0.061***	0.151***	0.111***	0.001*	−0.006
		(4.336)	(8.040)	(3.245)	(4.372)	(1.681)	(−1.208)
	农业技术水平	0.192***	0.037***	0.555***	0.419***	0.223***	0.280***
		(3.568)	(5.457)	(3.394)	(2.947)	(3.867)	(3.449)
	农业人力资本	0.081***	0.084***	0.244***	0.179***	0.656***	0.134***
		(5.698)	(5.577)	(6.986)	(6.149)	(3.627)	(3.579)

表 7-3(续)

名称		农业国际开放代理变量:农产品出口依存度					
		FEM		SLM		SEM	
		模型(7)	模型(8)	模型(9)	模型(10)	模型(11)	模型(12)
常数项		−4.082** (−2.250)	0.426* (1.447)	−4.386*** (−4.755)	−4.608* (−1.748)	0.554*** (4.862)	0.550*** (4.824)
回归系数 λ		—	—	2.17*** (4.08)	2.11*** (3.45)	—	—
φ		—	—	—	—	0.044 1*** (3.51)	0.450 0*** (3.16)
卡方检验	R^2	0.754	0.738	0.764	0.712	0.740	0.648
样本数/个		620					

注:① 限于篇幅,控制变量未列入表中。

② 带*、**、***的数据分别表示在10%、5%和1%的置信水平上具有统计显著性。

③ 括号内的数据为"t 检验"的统计量值,用来检验样本均值的统计显著性。

由表7-2和表7-3可知,无论农业国际开放的代理变量为农产品进口依存度还是农产品出口依存度,农业生产集聚的系数均显著为正,说明农业生产集聚对农业国际开放具有显著的促进作用,与基本模型的估计结果一致。总体上,回归结果中变量系数均为正值,与基本模型的估计结果保持一致,表明本次估计检验结果是稳健的。

7.3.3　资源禀赋、生产集聚与农业市场化率回归分析

资源禀赋、生产集聚与农业市场化率回归分析结果①见表7-4。从表7-4可以看出,λ 和 φ 值均通过了显著性检验,说明粮食生产的空间联系存在显著的空间锁定效应,且都呈现显著的正向影响效果,这表明该地区的粮食生产还会带动邻近地区的粮食生产,产生跨区域的极化效应,从而提高农业市场化率,使农业开放水平得到不断提高,为农业高质量发展增添新机遇。

表 7-4 资源禀赋、生产集聚与农业市场化率回归分析结果①

名称		农业市场化率代理变量:主要农产品商品率					
		FEM		SLM		SEM	
		模型(13)	模型(14)	模型(15)	模型(16)	模型(17)	模型(18)
生产集聚	农业生产集聚一次项	0.310 9*** (9.17)	0.060 5*** (4.72)	0.305 1*** (8.95)	0.036 3*** (6.44)	0.344 3*** (13.24)	0.039 7*** (7.46)
	农业生产集聚二次项	—	0.340 8*** (13.28)	—	0.338 1*** (12.06)	—	0.334 0*** (9.15)
资源禀赋特征变量	农业劳动力数量	0.35* (1.81)	0.25 (1.16)	0.04 (0.24)	0.61 (0.22)	0.04 (0.24)	0.61 (0.22)
	农业耕地面积	0.14*** (2.87)	0.02** (1.99)	1.13 (1.09)	−0.49 (−1.20)	1.13 (1.09)	−0.49 (−1.20)
	农业资本存量	0.080*** (4.13)	0.005 (0.26)	0.240*** (2.97)	−0.100*** (−2.81)	0.570*** (2.93)	−0.179* (−1.77)
	农业技术水平	0.050 8*** (5.60)	0.035 4*** (6.30)	0.012 4*** (3.48)	0.003 4*** (2.94)	0.050 0* (1.78)	0.020 0 (0.83)
	农业人力资本	0.000 1 (0.05)	0.000 5** (2.45)	0.003 1*** (2.65)	0.000 1 (0.02)	0.060 4*** (4.74)	0.003 2** (2.56)
控制变量	经济开放度	0.007 1*** (20.49)	0.001 4*** (5.08)	0.036 6*** (6.10)	0.009 2*** (2.63)	0.063 1*** (4.41)	0.020 6** (2.49)
	劳动力非农就业比例	0.000 7*** (3.16)	0.003 4*** (2.63)	0.051 3*** (5.97)	0.026 8*** (5.72)	0.009 3*** (4.64)	0.025 2*** (3.12)
	农业人口	0.000 2 (0.28)	0.000 1 (0.10)	−0.000 1 (−0.80)	0.000 1 (0.09)	0.000 4* (1.86)	0.000 4 (1.41)
常数项		0.039 2*** (7.37)	0.000 6*** (2.60)	0.310 9*** (9.17)	−0.006 3*** (−4.49)	0.327 3*** (9.47)	0.169 7 (0.31)
回归系数 λ		—	—	0.312 0*** (9.13)	0.339 5*** (13.12)	—	—
φ		—	—	—	—	0.385 5*** (4.10)	0.324 4*** (12.20)
卡方检验	R^2	0.731 7	0.798 4	0.720 0	0.788 9	0.760 5	0.778 2
样本数		620					

注:① 带*、**、***的数据分别表示在10%、5%和1%的置信水平上具有统计显著性。

② 括号内的数据为"t 检验"的统计量值,用来检验样本均值的统计显著性。

首先，根据SLM和FEM的估计结果可知，农业生产集聚水平的系数为正，且在1%的水平上显著，表明提高农业生产集聚水平产生的效果与生产集聚理论和新经济地理理论产生的集聚效应相符合，也验证了前文假说。除此以外，粮食作物的生产集聚对农业市场化率的影响还表现在两个方面：一是通过土地经营权分配粮食作物的生产集聚，可以使每个农户的土地经营面积增加，扩大经营规模，从而提高农业市场化率；二是生产集聚可以有效地展示当地资源优势，降低劳动力供求之间对接交易的成本，提高劳动生产率，进而提高农业市场化率，为农业高质量发展奠定基础[58]。

其次，在资源禀赋特征变量中对提高农业市场化率具有促进作用的变量有农业人力资本、农业技术水平。接下来将阐述上述变量对农业市场化率产生显著影响的内在原因。农业消费者作为农业生产者本身，当他们具有较高的教育水平时，就会提高所消费的农产品质量安全标准，进而提高农业市场化率。提高农业技术水平能促进农业市场化率的提高，是因为农业机械对劳动力有很强的替代性，在耕地规模较大时，农业机械作业效率高于劳动力作业效率，较少的劳动力就可以实现规模化经营，从而释放了大量的农业劳动力，提高了农业市场化率，为农业高质量发展提供保障。

再次，在控制变量中对提高农业市场化率具有促进作用的变量有经济开放度、劳动力非农就业比例、城镇化水平。接下来将阐述上述变量对农业市场化率产生显著影响的内在原因。提高经济开放度能促进农业市场化率的提高，是由于地区经济开放度的提高能够提升农业工作者的积极性，进而带动农业市场化率的提高。提高劳动力非农就业比例能促进农业市场化率的提高是由于劳动力非农就业比例增加说明农民选择了更多其他就业方向，而鉴于农业市场对农民具有一定的优势，选择农业市场就业方向的人数也会不断上升，从而提高了农业市场化率。此外，通过改善基础设施等多种措施来提高城镇化水平可以提高农业市场化率。例如，完善道路设施能够大幅度降低农产品运输和仓储成本，从而为国际贸易提供更加便利的条件，也意味着农业开放发展的环境得到改善。

最后，为进一步观测农业生产集聚水平的发展趋势，模型(16)加入了生产集聚二次项。回归结果显示，农业生产集聚水平、资源禀赋特征变量对农业市场化率的影响均呈线性递增趋势。这表明，农业市场化率在农业资源禀赋特征变量、生产集聚水平的影响下能产生集聚效应。

综上所述，农业生产集聚水平的提高对农业市场化率的提高具有促进作用。在资源禀赋特征变量中对提高农业市场化率具有促进作用的变量有农业人力资本、农业技术水平，在控制变量中对提高农业市场化率具有促进作用的变量有经济开放度、劳动力非农就业比例、城镇化水平。

7.3.4 资源禀赋、生产集聚与农业市场化率稳健性检验

本节将对农业市场化率采取多种代理变量进行稳健性检验，具体是以土地流转率表示，回归分析结果见表 7-5。结果显示，提高农业生产集聚水平能够显著提高农业市场化率，与基本模型的估计结果一致。总体上，回归结果变量的系数均为正值，与基本模型的估计结果一致，表明此估计结果是稳健的。

表 7-5 资源禀赋、生产集聚与农业市场化率回归分析结果②

名称		农业市场化率代理变量:土地流转率					
		FEM		SLM		SEM	
		模型(19)	模型(20)	模型(21)	模型(22)	模型(23)	模型(24)
生产集聚	农业生产集聚一次项	0.036 3***	0.005 7***	0.074 8***	0.023 9***	0.078 1***	0.025 1***
		(6.75)	(5.30)	(7.42)	(2.96)	(7.67)	(3.12)
	农业生产集聚二次项	—	0.340 8***	—	0.324 4***	—	0.309 0***
			(13.28)		(12.20)		(3.18)
资源禀赋特征变量	农业劳动力数量	−0.859**	0.669*	−0.030	0.650	−0.030	0.669
		(−2.06)	(1.75)	(−0.87)	(1.64)	(−0.75)	(1.19)
	农业耕地面积	−0.157	0.017	1.460*	1.410*	1.260**	−2.220***
		(−0.12)	(1.62)	(1.81)	(1.76)	(2.20)	(−3.78)
	农业资本存量	2.820**	−0.001**	0.740	0.310**	0.060	0.270***
		(2.01)	(−2.48)	(0.51)	(2.11)	(0.76)	(3.87)
	农业技术水平	−0.198***	−0.028	0.090	0.250***	0.070	−0.001
		(−4.22)	(−0.77)	(0.79)	(4.16)	(0.98)	(−0.24)
	农业人力资本	2.750***	0.473**	0.044*	0.302	2.820**	−0.001**
		(5.81)	(2.16)	(1.99)	(0.18)	(2.01)	(−2.48)

表 7-5(续)

名称		农业市场化率代理变量:土地流转率					
		FEM		SLM		SEM	
		模型(19)	模型(20)	模型(21)	模型(22)	模型(23)	模型(24)
常数项		0.018 6 (0.94)	−0.018 8 (−0.50)	0.091 1*** (6.87)	0.024 3 (0.71)	−2.093 3 (−0.97)	−0.020 3 (−1.25)
回归系数 λ		—	—	1.222*** (3.62)	1.932*** (5.65)	—	—
φ		—	—	—	—	0.812*** (5.65)	0.255*** (5.07)
卡方检验	R^2	0.761 0	0.878 4	0.732 2	0.829 3	0.733 1	0.710 2
样本数/个		620					

注:① 限于篇幅,控制变量未列入表中。

② 带*、**、***的数据分别表示在10%、5%和1%的置信水平上具有统计显著性。

③ 括号内的数据为"t检验"的统计量值,用来检验样本均值的统计显著性。

7.4 本章小结

本章的分析主要考查了农业生产集聚对农业开放的影响程度,主要采用了农业国际开放程度和农业市场化率两个关键代理变量。生产集聚水平的不断提高,对我国农业高质量发展中的农业开放发展具有一定的促进作用,而促进效果如何?本章深入探索和分析了这个问题,得出以下几个主要研究结论:

(1) 生产集聚水平的提高对我国农业开放发展中农业国际开放发展具有显著的抑制作用,且在生产集聚二次项上二者呈"倒U"形关系。

(2) 资源禀赋、生产集聚对我国农业开放发展中农业市场化率具有显著的促进作用,但加入生产集聚二次项后表现出先促进后抑制的作用。

(3) 通过多种计量模型的稳健性检验可知,资源禀赋优势和生产集聚水平的提高均促进了农业开放发展,同时也证明了选取的代理变量具有一定的解释能力。

8 资源禀赋、生产集聚与农业共享发展研究

8.1 引　　言

第7章已通过实例验证了资源禀赋、生产集聚对农业开放发展的促进作用。接下来本章将进一步验证生产集聚对农业共享发展的影响。共享发展理念是把实现人民幸福作为发展的目的和归宿，倡导发展过程人人参与、发展成果人人享有，注重解决社会公平正义问题，是有利于实现好、维护好、发展好最广大人民根本利益的发展理念。在我国，高质量农业是包容与共享发展的农业。农业共享发展已然成为农业高质量发展的价值导向。共享发展理念是农业高质量发展的价值追求。随着工业化、城市化进程的加快，我国农业也产生了相对的生产集聚现象，农业生产活动的空间集聚效应强调了生产集聚对农业高质量发展的贡献与作用。同时，通过共享发展理念去实现农业高质量发展的关键是融入现代农业发展过程，从而实现农民发展与现代农业发展的有机结合[59]。但随着各地区资源禀赋优势逐渐被发挥和生产集聚水平的不断提高，资源禀赋、生产集聚对农业共享发展是否具有促进作用？本章将通过进一步分析我国农业生产共享发展的变动趋势和资源禀赋、生产集聚对农业共享发展要素中脱贫攻坚、农民增收、福利水平的影响来探究。

本章结构安排如下：第一部分为引言，主要介绍研究目的和章节安排。第二部分为资源禀赋、生产集聚与农业共享发展的模型设定和样本选择，并在控制外部环境前提下，通过对多种农业共享发展形式进行变量选取，对共享发展的衡量指标进行描述性分析。第三部分为资源禀赋、生产集聚与各个指标的回归结果和稳健性检验。第四部分为本章小结。

8.2 模型设定与变量选取

8.2.1 面板数据模型

本章构建了一个资源禀赋、生产集聚与农业共享发展(代理变量分别为脱贫攻坚、农民增收和福利水平)面板数据模型,并利用我国各区域面板数据检验了前文提出的假设。数据模型是针对脱贫攻坚、农民增收和福利水平分别进行构建和估计的。

资源禀赋、生产集聚与脱贫攻坚模型设定如下:

$$\ln L_{it} = \beta_0 + \beta_1 \ln A_{it} + \beta_2 \ln M_{it} + \beta_3 \ln X_{it} + \varphi_i + \varphi_t + \eta_{it} \quad (8\text{-}1)$$

式中,L_{it}表示脱贫攻坚水平,用农村低保人数占农村总人数的比例表示;A_{it}表示农业生产集聚水平;M_{it}表示资源禀赋特征变量;X_{it}表示控制变量,包括交通基础设施、劳动力非农就业比例、户均耕地面积、农村医疗保障、地区老龄化程度。

资源禀赋、生产集聚与农民增收模型设定如下:

$$\ln I_{it} = \beta_0 + \beta_1 \ln A_{it} + \beta_2 \ln M_{it} + \beta_3 \ln D_{it} + \varphi_i + \varphi_t + \eta_{it} \quad (8\text{-}2)$$

式中,I_{it}表示省级层面农民增收水平,用农民家庭人均收入来表示;A_{it}表示农业生产集聚水平;M_{it}表示资源禀赋特征变量,包括农业劳动力数量、农业耕地面积、农业资本存量、农业技术水平、农业人力资本;D_{it}表示控制变量,包括农村土地流转、农村医疗保障、人均可支配收入、地形条件。

资源禀赋、生产集聚与福利水平模型设定如下:

$$\ln E_{it} = \beta_0 + \beta_1 \ln A_{it} + \beta_2 \ln M_{it} + \beta_3 \ln H_{it} + \varphi_i + \varphi_t + \eta_{it} \quad (8\text{-}3)$$

式中,被解释变量E_{it}表示省级层面福利水平,用农村人均住房面积表示;A_{it}表示农业生产集聚水平;M_{it}表示资源禀赋特征变量;H_{it}表示控制变量,包括人均农业补贴、农民人均可支配收入、农村医疗保障、基础设施水平、GDP。

8.2.2 空间计量模型

鉴于粮食生产具有空间相关性和空间溢出效应的特点,本书所要用到的空间计量模型主要纳入了空间效应(空间相关性和空间差异性),即通过引入空间滞后模型和空间误差模型进行估计。

(1) 空间滞后模型

空间滞后模型主要探讨相邻地区粮食发展对当地粮食的空间是否有扩散现象,表达式为:

$$\ln Y_{it}=\omega W\ln Y_{it}+\varphi\ln X_{it}+\sigma \tag{8-4}$$

式中,Y_{it}为被解释变量,本章内容包括脱贫攻坚、农民增收和福利水平;W为$n\times n$空间权重矩阵;X_{it}为$n\times k$自变量矩阵(k为影响因素的数量);φ为变量回归系数;ω为反映空间依赖性的空间回归系数;$W\ln Y_{it}$为因变量的空间滞后项,反映空间距离对粮食产业的发展作用;σ为随机误差项。

(2) 空间误差模型

空间误差模型用于衡量相邻地区的因变量误差对该地区观测值的影响程度,表达式为:

$$\ln Y_{it}=\varphi\ln X_{it}+\mu \tag{8-5}$$

式中,滋扰项μ可由下式计算:

$$U=\rho M\mu+\sigma \tag{8-6}$$

式中,M为空间权重矩阵;U为中间变量。从这个模型可以看出,扰动项μ存在空间相关性。$M\mu$为空间滞后的误差项;ρ为空间误差系数,用来衡量误差项的空间相关程度。

8.2.3 变量设置

具体变量设置如下所述。

生产集聚水平即粮食作物的生产集聚程度,可以用区位熵指数来衡量。由于粮食生产会受自然灾害的影响,粮食作物生产集聚程度以粮食作物播种面积所占的百分比来衡量,并代入区位熵指数计算公式进行测算。在本书提出的实证过程中,生产集聚程度通过将粮食作物的播种面积纳入区位熵方程来获取。根据研究假设,生产集聚水平这一变量预计为正值。

资源禀赋特征变量主要包括农业劳动力数量、农业耕地面积、农业资本存量、农业技术水平和农业人力资本。各变量的解释如下所述。

(1) 农业劳动力数量以农业粮食生产劳动力的数量来表示。本书将粮食作物作为研究对象,计算出各地区实际用于粮食生产的劳动力数量,以准确反映劳动力数量对粮食作物生产集聚的影响。杨勇、王跃梅采用加权因子法分离出粮食生产的投入因子,得出了粮食生产劳动力数量的计算公式,即粮食生产劳动力数量=农林牧渔业劳动力数量×(农业产值/农林牧渔业总产值)×(谷类作物播种面积/作物播种面积)。各地区粮食生产劳动力数量来自《中国农业年鉴》。

(2) 农业耕地面积以粮食播种面积表示。由于使用耕地面积的回归结果会有差异,最终使用各地区的粮食播种面积作为农业耕地面积的替代变量。该数据来自《中国农业年鉴》。

(3) 农业资本存量以化肥折存量表示。该数据来自《中国农业年鉴》。

(4) 农业技术水平表示农业机械化程度,以农业机械总动力表示。本书选择的是农业机械动力投入量。该数据来自《中国农业机械工业年鉴》。

(5) 农业人力资本用当地劳动力的平均受教育年限来衡量。文盲、小学、初中、高中和大学及以上学历的劳动力教育年限,分别用 1 年、6 年、9 年、12 年和 15 年代替,并按劳动力人口加权计算。该数据来自《中国统计年鉴》。

被解释变量包括脱贫攻坚水平、农民增收水平和福利水平。

(1) 脱贫攻坚水平用农村低保人数占农村总人数的比例和农村贫困发生率表示。二者分别来源于《中国民政统计年鉴》和《中国农村贫困检测报告》。虽然我国脱贫攻坚工作取得了重大进展,但仍有很多地区农村贫困发生率偏高。“全面建成小康社会,一个也不能少”,共享发展理念体现了农业高质量发展的价值追求。

(2) 农民增收水平用家庭人均收入和人均可支配收入表示。二者分别来自《中国统计年鉴》和《中国农业年鉴》。影响农民增收水平的路径主要有以下几种:① 气候、政策等因素在一定程度上影响了农业市场的发展,并且伴随着化肥、农药价格的上涨,农业生产成本增加,但粮食等农产品价格却没有较大变动,这就会导致农民增收水平下降;② 城乡差距依然很明显,农民收入增加很大程度上依靠务工收入增加,真正农业收入带给农民的增收效果不显著,农民没有长期稳定的增收渠道,就会制约农民收入增加;③ 农业产业结构调整,粮食生产依然是大部分农户的主要生活来源,大多数地方并没有形成“一乡一业、一村一品”的产业发展格局[60]。

(3) 地区福利水平用农村人均住房面积和农村每万人医疗机构床位数

表示，二者分别来源于《中国统计年鉴》和《中国农业年鉴》。

控制变量包括的内容较多，具体设置如下所述。部分变量前文已经阐述，在此不再叙述。

（1）人均GDP和各省级单位GDP分别取自《中国统计年鉴》和《新中国六十年统计资料汇编》。

（2）土地流转情况用土地使用权已流转的土地面积与土地总面积的比值表示。该数据来源于《中国统计年鉴》。土地流转是实现农业规模化经营的重要途径，对农地流转市场的研究具有理论和现实意义。中国农地流转市场发展迅速，而且在土地配置方面发挥了较为明显的“公平性”作用。

（3）农村医疗保障用农村每千农业人口乡镇卫生院床位数来表示。农村医疗保障是农村居民的基本保障，帮助农民正常从事生产和工作，以防止因病致贫。该数据来自《中国农业年鉴》。

（4）地区老龄化程度用农村人口老年化率来表示，计算公式为：农村人口老年化率＝农村65岁及以上人口/农村总人口。该数据来源于《中国人口和就业统计年鉴》。

（5）农村低保人数用全国各省级单位的农村低保人数来表示。在当前的反贫困国家战略中，扶贫开发、农村低保、精准扶贫的渐次提出，为我国脱贫攻坚做出了巨大贡献。推动扶贫开发政策和农村低保制度有效衔接，是决战决胜脱贫攻坚，全面建成小康社会的重要举措。全国各省级单位的农村低保人数来自《中国农业年鉴》。

（6）人均农业补贴用全国各省级单位的人均农业补贴来表示。现有的关于全国人居环境地区农业补贴对粮食生产影响的研究认为，人均农业补贴显著提高了粮食产量，影响机制一方面是人均农业补贴有效降低了农业管理的风险，从而增加了农户对农业的投资，促进粮食生产；另一方面是人均农业补贴提高了农户种粮的积极性，并可以通过对农业种植结构的调整，鼓励农民扩大粮食种植面积，从而达到提高粮食产量的目标[61]。

8.2.4 样本描述性分析

上文对新发展理念下资源禀赋、生产集聚与农业共享发展模型进行了变量选取，现对选取的样本进行描述性统计分析，见表8-1。

表 8-1 资源禀赋、生产集聚与农业共享开发样本描述性分析

名称	均值	标准差	最小值	最大值
农业生产集聚	0.98	0.12	0.36	1.52
农业劳动力数量	365.25	302.21	9.34	1 873.13
农业耕地面积	110 825.52	5 978.42	99 410.00	119 230.00
农业资本存量	5 204.43	656.94	4 124.30	6 022.60
农业技术水平	4 805.61	1 391.45	2 867.99	6 913.14
农业人力资本	2.14	0.23	1.19	2.45
农村低保人数	3 052.37	2 042.21	265.80	5 388.02
交通基础设施	4.09	2.06	1.34	8.61
劳动力非农就业比例	0.97	0.01	0.95	0.98
农村医疗保障	1.35	0.08	1.24	1.48

注:① 最大值为样本中最大的一个数值,最小值为样本中最小的一个数值。

② 样本数据选取时间为 2001—2020 年。

由该表可知,农村低保人数的均值较高、标准差较大,说明其变化幅度较大;交通基础设施均值与最大值之间也有较大提升空间;农村医疗保障处于不断完善过程中,均值较高,且变动幅度较小。

8.3 实证回归结果

8.3.1 资源禀赋、生产集聚与脱贫攻坚回归分析

资源禀赋、生产集聚与脱贫攻坚回归分析结果①见表 8-2。从表 8-2 可以看出,空间面板滞后模型的 ω 值和误差模型的 ρ 值均通过了显著性检验,且均呈现显著的正向影响效果,这表明这些地区的粮食生产会带动邻近地区的粮食生产,产生跨区域的极化效应,从而对我国脱贫攻坚发展产生影响。脱贫攻坚对人民的幸福生活有着重大影响。脱贫攻坚工作不断取得进展,意味着农业共享发展水平得到了不断提高,而农业共享发展是农业高质量发展的重大保障,可推动农业高质量发展水平的不断提高。

表 8-2 资源禀赋、生产集聚与脱贫攻坚回归分析结果①

名称		脱贫攻坚代理变量:农村低保人数占比					
		FEM		SLM		SEM	
		模型(1)	模型(2)	模型(3)	模型(4)	模型(5)	模型(6)
生产集聚	农业生产集聚一次项	0.190 4*** (2.62)	0.002 1*** (2.66)	0.171 0*** (4.38)	0.119 3*** (4.48)	0.118 6*** (4.73)	0.084 1*** (5.03)
	农业生产集聚二次项	—	0.521 8*** (3.19)	—	0.271 0*** (2.85)	—	0.197 6*** (8.62)
资源禀赋特征变量	农业劳动力数量	0.063*** (3.37)	0.112** (4.39)	−0.859** (−2.06)	0.669* (1.75)	−0.035 (−1.29)	0.080*** (3.64)
	农业耕地面积	0.049 4 (1.05)	−0.156 2 (−0.58)	0.002 3 (0.19)	0.028 2 (1.45)	0.001 1 (0.55)	0.001 6 (0.85)
	农业资本存量	−0.101 (−0.24)	−0.110 (−0.64)	−0.001 (−1.14)	0.090*** (3.53)	0.010 (0.56)	−1.460 (−1.50)
	农业技术水平	−1.10 (−0.67)	6.93 (0.66)	0.84 (1.19)	1.52 (0.53)	−0.23*** (−3.91)	−0.37 (−0.56)
	农业人力资本	0.001 5*** (4.45)	0.010 0** (2.37)	0.267 0*** (6.60)	0.006 5*** (2.96)	0.2740*** (2.83)	0.002 1*** (3.74)
控制变量	农村低保人数	0.371 5*** (4.00)	0.115 3*** (3.55)	0.133 5*** (4.24)	0.053 7*** (5.34)	0.044 6*** (4.37)	0.035 0*** (3.72)
	交通基础设施	0.018 0* (1.70)	0.003 5 (0.89)	0.075 2* (1.68)	−0.000 1** (−1.98)	0.518 0* (1.84)	0.000 2** (2.27)
	劳动力非农就业比例	0.001 6*** (4.93)	0.065 6*** (7.16)	0.017 7** (2.39)	0.279 8*** (7.84)	0.063 0*** (6.68)	0.400 2*** (8.82)
	农村医疗保障	2.138*** (2.71)	0.032*** (3.63)	0.105*** (3.01)	0.499*** (2.64)	0.086*** (2.77)	0.505*** (2.67)
	地区老龄化程度	−0.004 3*** (−10.41)	−0.003 8*** (−8.39)	−0.032 0*** (−3.57)	−0.062 3*** (−6.60)	−0.065 4*** (−7.09)	−0.109 0*** (−3.26)
常数项		0.017 7** (2.39)	0.018 2** (2.44)	−0.109 0*** (−3.26)	−0.032 0*** (−3.63)	1.346 0*** (4.92)	0.020 4 (1.07)

表 8-2(续)

<table>
<tr><td colspan="2" rowspan="3">名称</td><td colspan="6">脱贫攻坚代理变量:农村低保人数占比</td></tr>
<tr><td colspan="2">FEM</td><td colspan="2">SLM</td><td colspan="2">SEM</td></tr>
<tr><td>模型(1)</td><td>模型(2)</td><td>模型(3)</td><td>模型(4)</td><td>模型(5)</td><td>模型(6)</td></tr>
<tr><td colspan="2">回归系数 ω</td><td>—</td><td>—</td><td>0.263 0***
(4.44)</td><td>0.240 6***
(3.76)</td><td>—</td><td>—</td></tr>
<tr><td colspan="2">ρ</td><td>—</td><td>—</td><td>—</td><td>—</td><td>0.389 0***
(5.93)</td><td>0.217 8***
(11.45)</td></tr>
<tr><td>卡方检验</td><td>R^2</td><td>0.765 9</td><td>0.718 1</td><td>0.739 3</td><td>0.692 4</td><td>0.723 6</td><td>0.654 4</td></tr>
<tr><td colspan="2">样本数/个</td><td colspan="6">620</td></tr>
</table>

注:① 带*、**、***的数据分别表示在10%、5%和1%的置信水平上具有统计显著性。

② 括号内的数据为"t 检验"的统计量值,用来检验样本均值的统计显著性。

首先,SLM 和 FEM 回归结果显示,生产集聚水平的系数为正,且在1%的水平上显著,生产集聚水平每提高1%,农村脱贫程度就会提高0.171%。这说明我国生产集聚水平的上升效应与产业集聚理论和新经济地理理论产生的集聚效应相符合,进一步验证了前文假说。粮食作物的生产集聚对脱贫攻坚主要有两个方面的影响:一是粮食作物的生产集聚可以降低生产要素成本,提高生产收益,使得家庭总收入随之增加,贫困人口相应减少;二是它为农民和企业之间的技术交流提供了平台,在形成技术溢出效应的同时促进了新技术的应用,减少了贫困现象的发生,在某种程度上推动着农业共享发展,为农业高质量发展奠定了良好的基础。

其次,从资源禀赋特征变量回归结果来看,对脱贫攻坚具有促进作用的变量有农业人力资本、农业耕地面积。接下来将阐述上述资源禀赋特征变量对脱贫攻坚产生显著影响的内在原因。农业人力资本的提高能够促进脱贫攻坚水平的提高,是由于知识和技能可以帮助农民扩大生产,农民知识和技能水平的高低决定了农户生产经营能力的大小。增大农业耕地面积能够促进脱贫攻坚水平的提高,原因在于增大农业耕地面积可以增加农户收入,提高脱贫攻坚水平,间接推动农业共享发展,为农业高质量发展奠定基础。

再次，在控制变量中对脱贫攻坚具有促进作用的变量有交通基础设施、劳动力非农就业比例、农村医疗保障。接下来将阐述上述控制变量对脱贫攻坚水平产生显著影响的内在原因。完善交通基础设施能够促进脱贫攻坚水平的提高，是因为交通基础设施的完善加快了农业发展，从而带动地区经济发展水平提升，有利于该地区农民脱贫；劳动力非农就业比例越高，说明农业释放了大量农业劳动力，进而带动了农村剩余劳动力就业，表明当地经济发展水平较高，可以进一步降低农民脱贫的困难程度；农村医疗保障促进脱贫攻坚的原因在于农村医疗保障是农民的基本保障，它能够帮助农民正常从事生产和工作，防止因病致贫。

最后，为进一步观测生产集聚水平的发展趋势，模型(4)加入了生产集聚二次项。从回归结果可以看出，此种情况下生产集聚水平对脱贫攻坚的影响呈线性递增趋势。结果表明，生产集聚对脱贫攻坚能产生集聚效应。

综上所述，生产集聚水平的提高对脱贫攻坚水平的提高具有促进作用。在资源禀赋特征变量中对脱贫攻坚具有促进作用的变量有农业人力资本和农业耕地面积，在控制变量中对脱贫攻坚具有促进作用的变量有交通基础设施、劳动力非农就业比例、农村医疗保障。

8.3.2 资源禀赋、生产集聚与脱贫攻坚稳健性检验

本书将对脱贫攻坚采用不同的代理变量进行稳健性检验，具体是将脱贫攻坚用农村贫困发生率表示，回归分析结果见表 8-3。

表 8-3 资源禀赋、生产集聚与脱贫攻坚回归分析结果②

名称		脱贫攻坚代理变量:农村贫困发生率					
		FEM		SLM		SEM	
		模型(7)	模型(8)	模型(9)	模型(10)	模型(11)	模型(12)
生产集聚	农业生产集聚一次项	0.161 2*** (8.83)	0.156 7*** (8.64)	0.565 9*** (2.62)	0.541 0*** (4.82)	0.223 9*** (2.98)	0.171 1*** (4.62)
	农业生产集聚二次项	—	0.151 8*** (4.25)	—	0.590 0*** (4.84)	—	0.280 9*** (3.49)

表 8-3(续)

名称		脱贫攻坚代理变量:农村贫困发生率					
		FEM		SLM		SEM	
		模型(7)	模型(8)	模型(9)	模型(10)	模型(11)	模型(12)
资源禀赋特征变量	农业劳动力数量	0.230 (0.65)	0.039*** (3.08)	0.010 (0.56)	−1.460 (−1.50)	0.003 (0.41)	0.030 (0.80)
	农业耕地面积	0.14 (0.33)	−0.04 (−1.08)	−0.23*** (−3.91)	−0.37 (−0.56)	0.03 (1.55)	0.15 (1.44)
	农业资本存量	−0.101 (−0.24)	−0.110 (−0.64)	−0.001 (−1.14)	0.090*** (3.53)	0.310 (1.15)	−0.690 (−0.48)
	农业技术水平	−1.10 (−0.67)	6.93 (0.66)	0.84 (1.19)	1.52 (0.53)	0.12 (0.82)	0.46 (0.66)
	农业人力资本	0.23 (0.65)	0.04*** (3.08)	0.01 (0.56)	−1.46 (−1.50)	0.14 (0.33)	−0.04 (−1.08)
常数项		−0.000 03* (−1.74)	0.002 60 (0.98)	0.217 80*** (11.45)	0.240 60*** (13.76)	−0.000 60 (−1.08)	0.023 10 (1.40)
回归系数 ω		—	—	0.192 8*** (3.94)	0.244 4*** (6.96)	—	—
ρ		—	—	—	—	0.037 7*** (5.47)	0.170 9*** (4.19)
卡方检验	R^2	0.951 4	0.934 9	0.906 3	0.915 7	0.928 3	0.904 9
样本数/个		620					

注:① 限于篇幅,控制变量未列入表中。

② 带 *、**、*** 的数据分别表示在 10%、5%和 1%的置信水平上具有统计显著性。

③ 括号内的数据为"t 检验"的统计量值,用来检验样本均值的统计显著性。

由表 8-2 和表 8-3 可知,在脱贫攻坚的指标衡量方面,代理变量无论是农村贫困发生率,还是农村低保人数占农村总人数的比例,农业生产集聚的系数均显著为正,这表明农业生产集聚能够较好地推动脱贫攻坚发展,与基本模型的估计结果一致。从总体上看,回归结果中变量的系数均为正,这与基本模型的估计结果一致,表明此次估计结果是稳健的。

8.3.3 资源禀赋、生产集聚与农民增收回归分析

资源禀赋、生产集聚与农民增收回归分析结果①见表 8-4。从表 8-4 可

以看出，空间面板滞后模型的 ω 值和误差模型的 ρ 值均通过了显著性检验，且均呈现显著的正向影响效果，这说明粮食生产存在显著的空间锁定效应，且会产生跨区域的极化效应，从而对农民增收产生积极影响，这也意味着农业共享发展与农民增收存在交互作用。

表 8-4　资源禀赋、生产集聚与农民增收回归分析结果①

解释变量		农民增收代理变量:家庭人均收入					
		FEM		SLM		SEM	
		模型(13)	模型(14)	模型(15)	模型(16)	模型(17)	模型(18)
生产集聚	农业生产集聚一次项	0.500 6***	0.010 1***	0.640 0***	0.007 2***	0.071 9***	0.004 8***
		(3.04)	(4.07)	(2.91)	(6.69)	(5.44)	(6.32)
	农业生产集聚二次项	—	0.104 9***	—	0.958 3***	—	0.400 2***
			(3.04)		(4.29)		(6.89)
资源禀赋特征变量	农业劳动力数量	0.000 8	0.020 0***	0.010 0***	0.030 0	−0.010 0	0.040 0
		(1.02)	(3.51)	(3.36)	(1.43)	(−0.42)	(0.65)
	农业耕地面积	−0.031 0***	−0.010 0*	−0.120 0***	0.000 4	0.447 0	0.040 0
		(−2.73)	(−1.79)	(−3.35)	(0.81)	(0.71)	(0.27)
	农业资本存量	−0.244***	−0.020**	−0.001	0.017	0.070	0.750
		(−3.64)	(−1.98)	(−0.32)	(0.51)	(0.11)	(0.87)
	农业技术水平	0.26	0.28*	0.13	−0.07	0.66	0.07
		(0.65)	(1.73)	(0.97)	(−0.88)	(1.57)	(0.08)
	农业人力资本	0.157 7***	0.589 3***	0.000 2***	0.842 1***	1.096 0***	1.861 0***
		(5.67)	(5.95)	(5.12)	(7.46)	(7.82)	(7.53)
控制变量	农村土地流转	0.000 9*	0.001 0*	0.076 0*	0.042 0	0.096 7	0.043 8
		(1.80)	(1.79)	(1.74)	(0.21)	(0.57)	(0.22)
	农村医疗保障	0.264 9***	0.591 5***	0.313 0***	0.984 0***	0.302 0***	0.002 2***
		(6.83)	(5.13)	(6.70)	(3.39)	(5.47)	(4.13)
	农村居民人均可支配收入	0.001 5	0.072 3*	0.295 3***	0.269 2***	0.572 4***	0.698 3***
		(0.80)	(1.89)	(3.33)	(4.81)	(3.47)	(3.93)
	地形条件	−0.000 4***	−0.000 1***	−0.080 0**	−0.086 4***	−0.976 0***	−0.005 2***
		(−2.62)	(−3.03)	(1.96)	(−2.76)	(−3.46)	(−2.88)
常数项		−0.055 00	0.256 80***	0.157 80***	−0.000 01	−0.005 30***	0.432 00***
		(−0.32)	(9.66)	(7.60)	(−0.56)	(−2.95)	(4.79)

表 8-4(续)

<table>
<tr><td colspan="2" rowspan="3">解释变量</td><td colspan="6">农民增收代理变量:家庭人均收入</td></tr>
<tr><td colspan="2">FEM</td><td colspan="2">SLM</td><td colspan="2">SEM</td></tr>
<tr><td>模型(13)</td><td>模型(14)</td><td>模型(15)</td><td>模型(16)</td><td>模型(17)</td><td>模型(18)</td></tr>
<tr><td colspan="2">回归系数 ω</td><td>—</td><td>—</td><td>1.090 0***
(4.92)</td><td>0.071 9***
(7.50)</td><td>—</td><td>—</td></tr>
<tr><td colspan="2">ρ</td><td>—</td><td>—</td><td>—</td><td>—</td><td>0.154 7***
(6.32)</td><td>0.004 1***
(11.54)</td></tr>
<tr><td>卡方检验</td><td>R^2</td><td>0.833 6</td><td>0.832 6</td><td>0.693 2</td><td>0.687 7</td><td>0.719 2</td><td>0.693 7</td></tr>
<tr><td colspan="2">样本数/个</td><td colspan="6">620</td></tr>
</table>

注:① 带 *、**、*** 的数据分别表示在 10%、5%和 1%的置信水平上具有统计显著性。

② 括号内的数据为"t 检验"的统计量值,用来检验样本均值的统计显著性。

首先,根据表 8-4 SLM 的结果可知,生产集聚水平的系数为正,且在 1%的水平上显著,说明提高农业生产集聚水平对农民增收存在促进作用,且粮食作物的生产集聚对农民增收的影响路径表现在两个方面:第一,地理位置集聚有效地促进了批发、零售、物流等行业的空间集聚,增强了区域内企业之间的竞争意识,促进了企业之间合作,形成专业化管理场所,从而降低生产成本,增加农民收入;第二,产业地理集聚细化了供应链分工,提高了企业劳动生产率,从而形成范围经济,通过农村居民消费水平、农村就业率等的提高,实现农民增收,间接推动农业共享发展。

其次,从资源禀赋特征变量回归结果来看,对农民增收具有促进作用的变量有农业人力资本、农业技术水平。接下来将阐述上述变量对农民增收产生显著影响的内在原因。农业人力资本的提高可以提高农民的科学文化素质,使他们获得必要的新技能和新知识,从根本上解决农民收入较低的问题。提高农业技术水平能够促进农民增收,原因在于农业技术水平的提高可以带动农业生产效率的进一步提高,从而促进农民增收,间接推动农业高质量发展。

再次,在控制变量中对农民增收具有促进作用的变量有农村医疗保障、农村居民人均可支配收入等。接下来将阐述上述控制变量对农民增收产生显著影响的内在原因。提高农村医疗保障水平能促进农民增收,是因为农民身体健康是农民增收的前提和基础，同时也是他们赖以生存和实现富裕的根本；提高农村居民人均可支配收入能够促进农民增收，原因在于农村居民人均可支配收入的提高可以让农民有更多资金投入农业生产。

最后，为进一步观测生产集聚水平的发展趋势，模型(16)加入了生产集聚二次项。从回归结果可以看出，此种情况下生产集聚水平对农民增收的影响呈线性递增趋势。结果表明，生产集聚对农民增收能产生集聚效应。

综上所述，生产集聚水平的提高对农民增收具有促进作用。在资源禀赋特征变量中，对农民增收具有促进作用的变量有农业人力资本、农业技术水平，在控制变量中对农民增收具有促进作用的变量有农村医疗保障、农村居民人均可支配收入等。

8.3.4 资源禀赋、生产集聚与农民增收稳健性检验

本书对农民增收采用不同的代理变量进行稳健性检验，具体是将农民增收用人均可支配收入表示，回归分析结果见表 8-5。

表 8-5 资源禀赋、生产集聚与农民增收回归分析结果②

名称		农民增收代理变量:人均可支配收入					
		FEM		SLM		SEM	
		模型(19)	模型(20)	模型(21)	模型(22)	模型(23)	模型(24)
生产集聚	农业生产集聚一次项	0.845**	0.050**	0.257***	0.097***	0.105***	0.054**
		(2.455)	(2.099)	(2.913)	(3.176)	(3.082)	(2.289)
	农业生产集聚二次项	—	0.848***	—	0.101***	—	0.121***
			(2.607 0)		(2.939 5)		(2.648 4)
资源禀赋特征变量	农业劳动力数量	0.000 4	0.030 0	0.030 0	0.001 0	−0.100 0	0.230 0
		(0.02)	(1.13)	(0.64)	(1.27)	(−0.82)	(0.80)
	农业耕地面积	0.07**	0.01	0.07	−0.17	−0.02	−0.31***
		(2.21)	(0.10)	(0.21)	(−0.61)	(−0.25)	(−3.93)
	农业资本存量	0.41	−0.03	0.16	0.17	−0.74	0.12
		(1.05)	(−1.13)	(0.52)	(1.51)	(−1.27)	(0.15)
	农业技术水平	0.04	0.40	0.11**	0.01	0.61	2.34
		(0.09)	(0.94)	(2.07)	(0.31)	(0.48)	(1.50)
	农业人力资本	0.62	0.01	0.13	0.53	−0.09	0.12
		(1.41)	(0.07)	(0.16)	(0.66)	(−0.39)	(0.35)

表 8-5(续)

名称		农民增收代理变量:人均可支配收入					
		FEM		SLM		SEM	
		模型(19)	模型(20)	模型(21)	模型(22)	模型(23)	模型(24)
常数项		−2.326 8***	0.008 0**	0.007 0	0.328 3	−0.000 2	−0.000 4
		(−8.49)	(2.30)	(1.63)	(0.69)	(−1.24)	(−1.50)
回归系数 ω		—	—	0.066 1***	0.347 3***	—	—
				(4.72)	(6.45)		
ρ		—	—	—	—	0.391 9***	0.055 0***
						(3.04)	(3.06)
卡方检验	R^2	0.671	0.635	0.754	0.612	0.503	0.496
样本数/个		620					

注:① 限于篇幅,控制变量未列入表中。

② 带 *、**、*** 的数据分别表示在 10%、5%和 1%的置信水平上具有统计显著性。

③ 括号内的数据为"t 检验"的统计量值,用来检验样本均值的统计显著性。

由表 8-4 和表 8-5 可知,在农民增收的指标衡量方面,无论是在家庭人均收入,还是人均可支配收入,农业生产集聚的系数均显著为正,这表明农业生产集聚都能够较好地促进农民增收,与基本模型的估计结果一致。总体上,回归结果中关键解释变量以及控制变量的系数均为正值,与基本模型的估计结果一致,表明此次估计结果是稳健的。

8.3.5 资源禀赋、生产集聚与福利水平回归分析

资源禀赋、生产集聚与福利水平回归分析结果①见表 8-6。从表 8-6 可以看出,空间面板滞后模型的 ω 值和误差模型的 ρ 值均通过了显著性检验,且均呈现显著的正向影响效果,这说明粮食生产具有显著的空间锁定效应,且能够对邻近地区的粮食生产产生带动作用,进而影响农民福利水平,促进农业高质量发展。

首先,根据表 8-6 SLM 的回归结果可知,生产集聚水平的系数为正,且在 1%的水平上显著,表明生产集聚水平的提高对福利水平的提高具有显著的促进作用,即生产集聚水平每提高 1%,福利水平就会提高 0.59%,这说

表 8-6 资源禀赋、生产集聚与福利水平回归分析结果①

名称		福利水平代理变量:农村人均住房面积					
		FEM		SLM		SEM	
		模型(25)	模型(26)	模型(27)	模型(28)	模型(29)	模型(30)
生产集聚	农业生产集聚一次项	0.139 7*** (3.08)	0.002 2** (2.42)	0.017 9*** (6.24)	0.001 4*** (2.94)	0.075 4*** (5.61)	0.432 0*** (2.62)
	农业生产集聚二次项	—	−0.062 (−0.190 0)	—	−2.883 (−0.475 7)	—	−0.012 (−0.955 9)
资源禀赋特征变量	农业劳动力数量	−0.03 (−0.87)	0.65 (1.64)	−0.03 (−0.75)	0.67 (1.19)	0.09 (0.79)	0.25*** (4.16)
	农业耕地面积	1.46* (1.81)	1.41* (1.76)	1.26** (2.20)	−2.22*** (−3.78)	4.31 (1.46)	4.85 (1.59)
	农业资本存量	0.740 (0.51)	0.310** (2.11)	0.060 (0.76)	0.270*** (3.87)	0.070 (0.98)	−0.001 (−0.24)
	农业技术水平	0.84* (1.66)	3.07*** (5.71)	0.75* (1.69)	−2.11*** (−4.68)	−2.37 (−0.89)	−6.27 (−1.35)
	农业人力资本	0.098 5** (2.42)	0.220 0** (2.32)	0.016 2*** (5.48)	0.012 3*** (2.80)	0.013 0*** (2.60)	0.018 8*** (3.99)
控制变量	人均农业补贴	0.137 1* (1.85)	0.125 1* (1.88)	1.063 2** (2.36)	0.846 6* (1.78)	0.911 0* (1.84)	0.021 0* (1.72)
	农村居民人均可支配收入	0.075 0 (0.89)	0.005 6 (0.42)	0.189 1 (1.32)	0.473 7 (0.66)	0.025 1 (0.09)	0.132 5 (0.72)
	农村医疗保障	0.367 7*** (3.19)	0.298 2*** (6.00)	0.248 1*** (5.64)	0.322 6*** (3.97)	0.376 2*** (2.83)	0.121 8*** (5.53)
	基础设施水平	1.266 8* (1.76)	0.016 2 (0.16)	0.026 5 (0.27)	0.012 0* (1.93)	0.295 0* (1.85)	0.433 0** (2.16)
	GDP	0.352 4*** (4.33)	0.213 0*** (2.74)	0.671 1*** (11.63)	0.558 7*** (6.39)	0.114 1*** (4.56)	0.210 3*** (3.52)
常数项		−0.632 0 (−1.24)	−0.061 0 (−0.19)	2.369 9*** (5.26)	1.863 1*** (4.77)	0.000 1*** (6.77)	0.010 1*** (4.03)
回归系数 ω		—	—	0.593 6*** (3.40)	0.192 9*** (2.85)	—	—

表 8-6(续)

名称		福利水平代理变量:农村人均住房面积					
		FEM		SLM		SEM	
		模型(25)	模型(26)	模型(27)	模型(28)	模型(29)	模型(30)
ρ		—	—	—	—	0.001 1*** (2.82)	0.420 9*** (7.51)
卡方检验	R^2	0.691 2	0.722 8	0.433 4	0.415 8	0.447 3	0.492 6
样本数/个		620					

注:① 带 *、**、*** 的数据分别表示在 10%、5%和 1%的置信水平上具有统计显著性。

② 括号内的数据为“t 检验”的统计量值,用来检验样本均值的统计显著性。

明我国生产集聚水平的提高与产业集聚理论和新经济地理理论带来的集聚效应相符合,进一步验证了前文的假说。粮食作物生产集聚对福利水平的影响路径为利用生产集聚效应,扩大土地生产规模,大幅度增加地区粮食作物产量,提高生产效率,增加农民收入,以此促进地区福利水平的提高[62]。

其次,从资源禀赋特征变量回归结果来看,对福利水平的提高具有促进作用的变量有农业人力资本。农业人力资本的提高可以促进福利水平的提高,原因在于随着我国经济水平的不断发展,农民整体素质得到提升,从而提高了福利水平。

再次,在控制变量中对福利水平的提高具有促进作用的变量有人均农业补贴、农村医疗保障、GDP。接下来本书将阐述上述控制变量对福利水平产生显著影响的内在原因。人均农业补贴越高说明地区福利水平越高;农村医疗保障能促进地区福利水平的提高,是由于农村医疗保障减轻了农村居民疾病负担,从而提高了农村居民福利水平;GDP 的增长能促进福利水平的提高,是因为 GDP 是国民经济核算体系的核心指标,是一种适应市场经济运行、以量化指标为特征的指标体系。GDP 的增长能够带动福利水平的提高,为农业高质量发展奠定基础。

最后,为进一步观测生产集聚水平的发展趋势,模型(28)加入了生产集聚水平二次项。从回归结果可以看出,生产集聚水平的提高对福利水平的提高在生产集聚一次项上具有促进作用,即生产集聚水平对福利水平的影响呈线性递增趋势。但在生产集聚二次项上呈线性递减趋势，即生产集聚达到一定水平后，福利水平会出现下降趋势，也即集聚现象中的拥堵效应，这是农业规模不断发展和扩大，使土地资源相对稀缺，劳动力、资本要素过度集中导致的。

综上所述，生产集聚水平的提高对福利水平的提高在生产集聚一次项上具有促进作用，而在二次项上表现出线性递减趋势，即农业生产集聚达到一定程度后，福利水平会表现出下降趋势。在资源禀赋特征变量中对福利水平具有促进作用的变量有农业人力资本，在控制变量中对福利水平具有促进作用的变量有人均农业补贴、农村医疗保障、GDP。

8.3.6 资源禀赋、生产集聚与福利水平稳健性检验

本书对福利水平采用多种衡量指标进行稳健性检验，具体是将福利水平用农村每万人医疗机构床位数表示，回归分析结果见表 8-7。

表 8-7 资源禀赋、生产集聚与福利水平回归分析结果②

名称		福利水平代理变量:农村每万人医疗机构床位数					
		FEM		SLM		SEM	
		模型(31)	模型(32)	模型(33)	模型(34)	模型(35)	模型(36)
生产集聚	农业生产集聚一次项	0.384 0*** (8.60)	0.520 0*** (5.21)	0.002 2** (2.56)	0.217 3*** (5.97)		0.501 0*** (4.35)
	农业生产集聚二次项	—	−0.037 9* (−1.78)	—	−0.037 0* (−1.77)	—	−0.009 3 (−0.28)
资源禀赋特征变量	农业劳动力数量	0.35* (1.81)	0.25 (1.16)	0.04 (0.24)	0.61 (0.22)	0.24*** (2.97)	−0.10*** (−2.81)
	农业耕地面积	0.140*** (2.87)	0.020** (1.99)	1.130 (1.09)	−0.490 (−1.2)	−0.001 (−0.74)	−0.002** (−2.06)
	农业资本存量	0.11 (1.17)	0.01 (0.04)	0.57** (2.93)	−0.18* (−1.77)	−0.33 (−1.68)	−0.01 (−0.86)
	农业技术水平	0.22*** (4.18)	0.13 (0.29)	0.05* (1.78)	0.02 (0.83)	0.02 (0.83)	−0.51* (−1.85)
	农业人力资本	0.09 (1.43)	0.13 (0.29)	0.04** (2.16)	−0.41*** (−3.83)	0.08*** (4.13)	0.01 (0.26)

表 8-7(续)

名称		福利水平代理变量:农村每万人医疗机构床位数					
		FEM		SLM		SEM	
		模型(31)	模型(32)	模型(33)	模型(34)	模型(35)	模型(36)
常数项		0.831 1*** (17.64)	3.662 6 (1.55)	−1.107 9 (−0.63)	2.705 6** (2.14)	−0.144 8 (−0.19)	1.407 8 (1.20)
回归系数 ω		—	—	0.756 5*** (6.64)	0.441 9*** (9.41)	—	—
ρ		—	—	—	—	0.747 6*** (4.40)	0.814 5*** (5.01)
卡方检验	R^2	0.758	0.763	0.739	0.634	0.707	0.693
样本数/个		620					

注:① 限于篇幅,控制变量未列入表中。

② 带 *、**、*** 的数据分别表示在 10%、5%和 1%的置信水平上具有统计显著性。

③ 括号内的数据为"t 检验"的统计量值,用来检验样本均值的统计显著性。

由表 8-6 和表 8-7 可知,在福利水平的指标衡量方面,无论是农村人均住房面积,还是农村每万人医疗机构床位数,农业生产集聚的系数均显著为正,这表明农业生产集聚能够较好地促进福利水平的提高,与基本模型的估计结果相一致。综上所述,回归结果中变量系数均与基本模型的估计结果保持一致,可以得出此次估计结果是稳健的。

8.4 本章小结

本章主要采用脱贫攻坚、农民增收和福利水平 3 个关键代理变量分析考查了生产集聚对农业共享发展的影响程度。生产集聚水平的提高对我国农业高质量发展中的农业共享发展具有一定的促进作用。

本章可以得出以下几个主要研究结论:

(1) 资源禀赋、生产集聚对我国农业共享发展中脱贫攻坚具有显著的促进作用,且生产集聚对我国农业共享发展中脱贫攻坚的影响在农业生产集聚二次项上呈线性递增趋势。

（2）资源禀赋、生产集聚对农民增收具有显著的促进作用，且在生产集聚水平二次项上，生产集聚水平对农民增收水平的影响依旧呈线性递增趋势。结果表明，生产集聚对农民增收能产生集聚效应。

（3）资源禀赋、生产集聚对我国农业共享发展中农民福利水平的提高具有显著的促进作用，且在生产集聚水平二次项上生产集聚与农业共享发展中农民福利水平之间呈“倒 U”形关系。

（4）通过多种计量模型的稳健性检验可知，生产集聚水平的提高均促进了农业协调发展，证明了选取的代理变量具有一定的解释能力。

9 研究结论及政策建议

9.1 研 究 结 论

9.1.1 生产集聚水平呈现稳定增长趋势

本书第3章分析了我国粮食作物生产集聚的现状和发展趋势，并且通过空间基尼系数、区位熵指数、地区平均集聚率和莫兰指数等测算方法分别对国家层面和省级层面的粮食作物生产集聚水平进行了详细的测算与分析。结果表明，首先，从时间角度看，我国粮食作物生产集聚水平得到了不断提升，其空间基尼系数从1996年的0.950 6逐渐增加到2015年的1.003 0，在此期间共增长5.5%。其次，从粮食作物种类角度看，豆类作物生产集聚水平仍处于先上升后下降的波动趋势，其空间基尼系数从1996年的0.458 5上升到2006年的0.601 2，之后又下降至2015年的0.576 4，在这20年间一共增长25.71%。2006年豆类作物的生产集聚水平出现了最高值，其空间基尼系数为0.601 2，随后便出现了小幅度的下降。薯类作物的生产集聚水平总体上仍处于下降状态，其空间基尼系数从1996年的0.497 9下降至2015年0.369 9，在这20年间一共下降了25.71%。再次，我国粮食作物生产集聚的专业化水平处于不断上升状态。1996年，全国层面粮食作物区位熵指数均值为0.950 6，而2015年的全国层面粮食作物区位熵指数均值为1.003 0，增长了5.5%。最后，我国粮食作物分布具有空间自相关性。作为土地密集型大田作物，粮食作物在空间上表现出显著的空间集聚特征。然而，从时间趋势这一角度来看，粮食作物中不同种类的作物有不同的空间依赖性。

9.1.2 生产集聚助力农业创新发展

在农业创新发展层面，资源禀赋、生产集聚对农业创新发展都具有显著促进作用，并且每当生产集聚水平提高 1 个单位，农业创新发展水平便会提高 0.121 个单位；通过构建计量经济学模型和空间杜宾模型可以看出，生产集聚对农业创新发展的影响存在空间效应；由农业生产集聚水平的一次项和二次项回归结果可知，两种情况下农业生产集聚水平对农业创新发展水平的影响均呈线性递增趋势。结果表明，农业生产集聚对农业创新发展能产生集聚效应。

9.1.3 生产集聚促进农业协调发展

在农业协调发展层面，资源禀赋、生产集聚对农业协调发展具有重要意义。通过面板数据模型和空间杜宾模型，利用省级层面面板数据，分别就生产集聚对城乡发展和产业结构协调的影响进行了分析。此外，由生产集聚水平的一次项和二次项回归结果可知，两种情况下农业生产集聚水平对农业协调发展均具有集聚效应和长期效应。通过多种计量模型的稳健性检验可知，资源禀赋优势和生产集聚水平的提高对农业协调发展均产生了显著的促进作用，这也证明了选择的代理变量具有一定的解释能力。

9.1.4 生产集聚促进农业绿色发展

在农业绿色发展层面，生产集聚水平的提高对农业绿色发展中农业环境污染具有显著的抑制作用，且生产集聚对农业绿色发展中农业环境污染的影响在其二次项上呈线性递减趋势；资源禀赋优势和生产集聚水平的提高对我国农业发展中农业环境保护均具有显著的促进作用，且在生产集聚水平二次项上呈线性递增趋势。生产集聚水平无论是一次项还是二次项对农业协调发展均具有集聚效应和长期效应；通过多种计量模型的稳健性检验可知，资源禀赋优势和生产集聚水平的提高对农业绿色发展均具有显著的促进作用，这也证明了选择的代理变量具有一定的解释能力。

9.1.5 生产集聚促进农业开放发展

在农业开放发展层面，生产集聚水平的提高对我国农业开放发展中农业国际开放发展具有显著的抑制作用，且在生产集聚水平二次项上二者呈“倒 U”形关系；资源禀赋优势和生产集聚水平的提高对我国农业开放发展中农业市场化率的提高均具有显著的促进作用，且在生产集聚水平二次项上呈线性递增趋势。生产集聚水平无论是一次项还是二次项对农业国际开放发展均具有集聚效应和长期效应。通过多种计量模型的稳健性检验可知，资源禀赋优势和生产集聚水平的提高对农业开放发展均具有显著的促进作用，这也证明了选取的代理变量具有一定的解释能力。

9.1.6 生产集聚促进农业共享发展

在农业共享发展层面，资源禀赋、生产集聚对我国农业共享发展中脱贫攻坚都具有显著的促进作用，且生产集聚水平对我国农业共享发展中脱贫攻坚的影响在其二次项上呈线性递增趋势；资源禀赋优势和生产集聚水平的提高对农民增收具有显著的促进作用，且在生产集聚水平二次项上，生产集聚水平对农民增收的影响仍然呈线性递增趋势。此外，资源禀赋、生产集聚对我国农业共享发展中农民福利水平的提高均具有显著的促进作用，且在生产集聚水平二次项上生产集聚与农业共享发展中农民福利水平之间呈"倒 U"形关系。通过多种计量模型的稳健性检验可知，资源禀赋优势和生产集聚水平的提高均促进了农业共享发展，这也证明了选取的代理变量具有一定的解释能力。

9.2 政策建议

9.2.1 加强区域之间合作交流，增强区域空间自相关性

通过对各行业生产的空间自相关性分析，可以得出近年来我国多数农作物的空间自相关性逐渐增强，也有少数农作物的空间自相关性呈减弱趋势。因此，加强区域空间自相关性和提高生产集聚水平迫在眉睫。一方面，要加强集聚区的农产品知识创新，鼓励产学研协同发展，通过激励手段吸引外资企业和外国农业专家的加入；另一方面，要完善农业创新知识产权制度，加强区域之间合作交流。

9.2.2 优化生产集聚，促进我国农业创新发展

为促进我国农业创新不断发展，优化生产集聚必不可缺。在传统模式

下，东部地区的农业生产总值遥遥领先于中、西部地区，因此，东部地区对于引领我国农业创新发展起着关键作用。一方面要加强东部地区与中、西部地区的合作交流，增强我国中、西部地区农业创新发展的动力；另一方面，要增加各地区农业科学研究院之间的合作机会，不断鼓励高校“走出去”，进一步促进“产学研”项目发展，从而提高科研成果转化率。此外，要加大农业科技经费投入，引进农业技术型人才，通过技术创新、组织创新、产业创新等促进我国农业高质量发展。

9.2.3 加大政策支持，开辟农业发展新途径

在农业协调发展层面，要不断开辟农业发展途径，促进农业产业结构的协调发展[63]。一方面，鉴于东部地区自然条件的显著优势，应当借助东部地区农业生产集聚的影响力，拉动中、西部地区农业经济的发展，通过对口帮扶的模式逐渐缩小区域间的经济差距[64]；另一方面，要加大政策支持力度和提高城镇化率，积极推进农业供给侧结构性改革，构建与资源禀赋相匹配的农业生产结构，促进农业高质量发展。

9.2.4 贯彻绿色发展理念，促进农业可持续发展

在农业绿色发展层面，应当始终贯彻农业绿色发展理念，推动农业发展方式由传统方式向绿色可持续发展方式转变。一方面，要依据地理情况合理推广适合不同区域的农业绿色发展模式，鼓励资源无害化处理、循环利用等，通过加大农业绿色生产补贴和降低劳动力投入资金等手段促进农业高质量发展；另一方面，要加大农业科技在绿色发展方面的应用，寻找农业污染源的可替代品，逐渐降低农用化肥使用量，加大有效灌溉面积和水土流失治理面积，助力区域生态环境发展，切实推进农业绿色发展。

9.2.5 结合我国农业特色，推动农业市场化发展

在农业开放发展层面，一方面要把握未来农业发展趋势，吸收借鉴国外农业先进发展经验，结合我国农业特色，摸索出适合我国国情的农业开放发展方式；另一方面，要鼓励国内农业企业和农民专业合作社走出国门，加强与国外农业专家的合作交流，结合市场情形加大政策支持力度，吸引国外农

业企业投资，从而刺激我国农业开放发展，提升我国农产品市场竞争力。

9.2.6 完善农业共享发展机制，提升农民幸福感

在农业共享发展层面，要不断推进农村医疗保障水平的提高，通过打造生产集聚区特色品牌、提高农业生产服务等方式，促进农民收入持续增长。此外，要加大政策帮扶力度，加快农业互联网的发展，完善农村基础设施，构建农业机械化发展体系，缩小区域之间的农业发展差距，这对我国农业共享发展有重大意义。

参考文献

[1] 阮建青,张晓波,卫龙宝.不完善资本市场与生产组织形式选择:来自中国农村产业集群的证据[J].管理世界,2011(8):79-91.

[2] CHOI J H,JANG H,WOO B J. Agro-industry cluster development in five transition economics[J]. Journal of rural development,2006,29:85-119.

[3] FAN C C,SCOTT A J. Industrial agglomeration and development:a survey of spatial economic issues in east Asia and a statistical analysis of Chinese regions[J]. Economic geography,2009,79(3):295-319.

[4] 孙浦阳,韩帅,许启钦.产业集聚对劳动生产率的动态影响[J].世界经济,2013,36(3):33-53.

[5] 林正雨,何鹏,李晓,等.四川省农业地理集聚格局及演化机制研究[J].中国农业资源与区划,2017,38(1):207-215.

[6] 刘涛,杜思梦.基于新发展理念的农业高质量发展评价指标体系构建[J].中国农业资源与区划,2021,42(4):1-9.

[7] 陈有联.新时代农业高质量发展路径研究:基于中央苏区农业发展历史经验[J].农村农业农民(B版),2021(4):55-57.

[8] GIBBS R M,BERNAT G A. Rural industry clusters raise local earnings [J]. Rural development perspectives,1997,12(3):18-25.

[9] 裴会永.新技术助力粮食库存数量和质量监管[J].粮食科技与经济,2019,44(6):18.

[10] 陆治原.产业集聚理论的历史发展与展望[J].生产力研究,2006(9):199-200.

[11] MARSHALL A. Principles of economics [M]. London: Macmillan Press,1890.

[12] 罗富民.农产品加工业空间集聚的动态机理及影响因素[J].西部经济管理论坛,2019,30(5):28-36.

[13] 吕超,周应恒.我国农业产业集聚与农业经济增长的实证研究:基于蔬菜产业的检验和分析[J].南京农业大学学报(社会科学版),2011,11(2):72-78.

[14] SEIFORD L M, ZHU J. Modeling undesirable factors in efficiency evaluation[J]. European journal of operational research,2002,142(1):16-20.

[15] 邓家琼.世界农业集中:态势、动因与机理[J].农业经济问题,2010,31(9):17-25.

[16] 姜长云.中国粮食安全的现状与前景[J].经济研究参考,2012(40):12-35.

[17] 肖卫东.中国种植业地理集聚:时空特征、变化趋势及影响因素[J].中国农村经济,2012(5):19-31.

[18] 朱启荣.中国棉花主产区生产布局分析[J].中国农村经济,2009(4):31-38.

[19] 陈甜,肖海峰.中国粮食作物地理集聚的时空演化及效应分析[J].农业经济与管理,2014(4):35-41.

[20] 陆文聪,梅燕,李元龙.中国粮食生产的区域变化:人地关系、非农就业与劳动报酬的影响效应[J].中国人口科学,2008(3):20-28.

[21] 邓宗兵,封永刚,张俊亮,等.中国种植业地理集聚的时空特征、演进趋势及效应分析[J].中国农业科学,2013,46(22):4816-4828.

[22] 贾兴梅,李平.农业集聚度变动特征及其与农业经济增长的关系:我国12类农作物空间布局变化的实证检验[J].中国农业大学学报,2014,19(1):209-217.

[23] 杨春,陆文聪.中国粮食生产空间布局变迁实证[J].经济地理,2008,28(5):813-816.

[24] 罗万纯,陈永福.中国粮食生产区域格局及影响因素研究[J].农业技术经济,2005(6):58-64.

[25] 赵丹丹,周宏.农村土地流转对农户耕地质量保护选择行为的影响研究

[J]. 价格理论与实践,2017(11):54-57.
[26] 杨万江. 走中国特色农业现代化道路必须着力解决十大问题[J]. 浙江社会科学,2009(2):36-38.
[27] 张落成. 我国粮食生产布局变化特点及其成因分析[J]. 长江流域资源与环境,2000,9(2):221-228.
[28] 郑旭媛,徐志刚,应瑞瑶. 城市化与结构调整背景下的中国粮食生产变迁与区域异质性[J]. 中国软科学,2014(11):71-86.
[29] 孟子恒,朱海燕,刘学忠. 农业产业集聚对农业经济增长的影响研究:基于苹果产业的实证分析[J]. 中国农业资源与区划,2022,43(2):231-239.
[30] 张宏升. 我国农业产业集聚影响因素分析[J]. 价格月刊,2007(9):19-21.
[31] 杜宇能,潘驰宇,宋淑芳. 中国分地区农业现代化发展程度评价:基于各省份农业统计数据[J]. 农业技术经济,2018(3):79-89.
[32] 夏显力,陈哲,张慧利,等. 农业高质量发展:数字赋能与实现路径[J]. 中国农村经济,2019(12):2-15.
[33] 匡远配. 长株潭城市群"两型农业"建设中的边缘效应研究[J]. 农业现代化研究,2010,31(2):142-146.
[34] 辛岭,安晓宁. 我国农业高质量发展评价体系构建与测度分析[J]. 经济纵横,2019(5):109-118.
[35] 韩长赋. 大力推进质量兴农绿色兴农　加快实现农业高质量发展[J]. 甘肃农业,2018(5):6-10.
[36] CHEN P C, YU M M, CHANG C C, et al. Total factor productivity growth in China's agricultural sector[J]. China economic review, 2008,19(4):580-593.
[37] 刘婷婷. 新型农业经营主体的融资困境与金融支农改革路径[J]. 农村经济,2016(3):73-77.
[38] 彭建强. 以科技创新推动农业高质量发展[N]. 河北日报,2018-7-13.
[39] 张文娟. 通过科技创新推动农村高质量发展[J]. 国际人才交流,2018(12):53.

[40] 姜宜琛,花登峰,王桂显,等. 以科技创新引领农业高质量发展[J]. 农机科技推广,2019(1):15-17.

[41] 覃欣然. 科技创新驱动农业高质量发展的路径探究[J]. 广东蚕业,2021,55(3):16-17.

[42] 杜志雄. 农村发展的根本目的在于提升农民生活福利[J]. 中国乡村发现,2010(1):85-89.

[43] 郝一帆,王征兵. 生产性服务业集聚有助于农业高质量增长吗?[J]. 人文杂志,2019(5):54-61.

[44] 路燕,赵博,田云峰. 加快农业科技创新 赋能农业高质量发展[J]. 农业科技管理,2021,40(2):15-17.

[45] 徐浩. 农业政策性金融服务乡村振兴的实践与探索[J]. 农业发展与金融,2021(7):65-68.

[46] 申云,李京蓉,吴平. 乡村振兴战略下新型农业经营主体融资增信机制研究[J]. 农村经济,2019(7):135-144.

[47] 王睿,周应恒. 乡村振兴战略视阈下新型农业经营主体金融扶持研究[J]. 经济问题,2019(3):95-103.

[48] 曾雄旺,张子涵,胡鹏. 新型农业经营主体融资约束及其破解[J]. 湖南社会科学,2020(1):97-102.

[49] 栗录春. 构建平台 破解瓶颈 推动新型农业经营主体高质量发展[J]. 河南农业,2021(13):61-62.

[50] 江生忠,朱文冲. 基于 Logit 模型对新型农业经营主体农业保险购买偏好的特征研究[J]. 财经理论与实践,2021,42(2):50-56.

[51] 王泽平,江生忠. 农业高质量发展背景下推进收入保险的必要性研究[J]. 中国保险,2021(4):36-40.

[52] VAN DER MAATEN L J P,POSTMA E O,VAN DER HERIK H J. Dimensionality reduction:a comparative review[J]. Journal of machine learning research,2007,10(1):2579-2600.

[53] 师博,张冰瑶. 全国地级以上城市经济高质量发展测度与分析[J]. 社会科学研究,2019(3):19-27.

[54] CARTER C A,LOHMAR B. Regional specialization of China's agricultural

production[J]. American journal of agricultural economics, 2002, 84(3): 749-753.

[55] 赵丹丹,周宏.农户分化背景下种植结构变动研究:来自全国31省农村固定观察点的证据[J].资源科学,2018,40(1):64-73.

[56] BANKER R D, CHARNES A, COOPER W W. Some models for estimating technical and scale inefficiencies in data envelopment analysis[J]. Management science, 1984, 30(9):1078-1092.

[57] BALDWIN R E. Agglomeration and endogenous capital[J]. European economic review, 1999, 43(2):253-280.

[58] 纪月清,王亚楠,钟甫宁.我国农户农机需求及其结构研究:基于省级层面数据的探讨[J].农业技术经济,2013(7):19-26.

[59] 王志伟,张建奎,王榕.先进制造业与现代农业融合发展研究[J].黑龙江粮食,2021(12):55-56.

[60] 伍山林.中西部粮食生产区域变化与成因的实证分析[J].财经研究,2001,27(2):16-20.

[61] 梁书民.中国农业种植结构及演化的空间分布和原因分析[J].中国农业资源与区划,2006,27(2):29-34.

[62] TONE K. A slacks-based measure of efficiency in data envelopment analysis[J]. European journal of operational research, 2001, 130(3): 498-509.

[63] 郑风田,程郁.从农业产业化到农业产业区:竞争型农业产业化发展的可行性分析[J].管理世界,2005(7):64-73.

[64] 吴学花.城市集聚经济的微观基础研究:从知识创造与传播的角度[J].济南大学学报(社会科学版),2008,18(3):22-26.